SUITE
DE LA DEFENSE DE
L'ESPRIT DES LOIX,
OU
EXAMEN
DE LA REPLIQUE
DU GAZETIER ECCLESIASTIQUE
A LA DEFENSE DE
L'ESPRIT DES LOIX.

Supereſt adhuc & exornat ætatis noſtræ gloriam Vir Sœculorum memoriâ dignus, qui olim nominabitur, nunc intelligitur. Habet amatores nec imitatores, ut libertas, quamquam circumciſis quæ dixiſſet, ei nocuerit; ſed elatum abunde ſpiritum & audaces ſententias deprehendas etiam in iis quæ manent.

QUINTIL. Lib. X. C. I.

A BERLIN,

M. DCC. LI.

SUITE
DE LA DEFENSE DE
L'ESPRIT DES LOIX
OU
EXAMEN
DE LA
REPLIQUE DU GAZETIER ECCLESIASTIQUE,
A LA
DEFENSE DE
L'ESPRIT DES LOIX.

IL faut l'avoüer : le Parti Janſéniſte eſt aujourd'hui le plus ferme appui de la Religion. Attentif à tout ce qui pourroit en corrompre la pureté, il ſemble chargé de veiller à ſa gloire ; on le prendroit pour le dépoſitaire de ſes oracles.

Une opinion s'éléve-t'elle ? ſoudain il détache contr'elle quelqu'un de ces champions, pour qui attaquer, combattre &

 vain-

vaincre eſt depuis longtems preſque la même choſe.

Un Philoſophe hazarde-t'il modeſtement un Syſtême vraiſemblable ? On court aux armes; on renverſe, on foudroie ce Syſtême, nouveau & par conſéquent impie.

Une réputation brillante commence-t'elle à ſe former? L'homme que le Public couronne de ſes ſuffrages pourroit bien ſe mettre en tête de devenir chef de ſecte, & détourner ſur lui les regards du Peuple attachés ſur les illuſtres Diſciples du Docteur de la Grace: eh bien! de peur qu'il ne lui prenne envie d'être un jour Héréſiarque, on prouve pieuſement, qu'il eſt actuellement hérétique: zèle admirable, ſainte politique, qui ſeule garantit la Foi Catholique du poiſon contagieux de l'erreur!

Dès-que l'*Eſprit des Loix* parut, il fut lu avec autant d'avidité qu'il avoit été attendu avec impatience.

Un ouvrage, avoit-on dit, dont le ſçavant Auteur des *Conſidérations de l'Empire Romain*, * a raſſemblé les matériaux depuis vingt années, ne ſçauroit manquer d'être parfaitement beau: la lecture juſtifia cette prévention.

Tout ce qui n'étoit pas Jeſuite ou Janséniſte, Devot ou Bel-Eſprit, le regarda comme le triomphe de l'humanité, le chef d'œuvre du Génie, la Bible des Politiques.

Que firent les Défenſeurs de la Grace? Ils

* Bouſquet & Comp. Libraires à Lauſanne en ont donné l'année derniere une très belle Edition. in 8o.

Ils pleurerent ſur cet aveuglement. Ces ſaints hommes ne virent ce ſuccès qu'avec la plus amere douleur.

Il étoit brillant: pouvoit-il n'être pas dangereux?

S'il en faut croire les Memoires qu'on m'a fournis, un d'eux en prit des vapeurs, un autre retomba en convulſions. Seroit-ce la premiere fois, que la paſſion a enfanté des miracles?

Douze Editions, épuiſées en ſix mois, épuiſerent enfin leur patience.

Saiſis d'un ſaint enthouſiaſme, *dévorés du zèle de la Maiſon de Dieu*, ils font ſuccéder l'anathême aux larmes & aux regrets.

Dans un Antre inconnu, on forge la Bulle qui doit écraſer le Livre & l'Auteur: c'eſt de ce nouveau Vatican que partent les foudres de ces petits Jupiters.

Cent & une Propoſitions ſont extraites de l'*Eſprit des Loix* avec beaucoup de ſoin, & proſcrites avec autant de jugement.

La Gazette Eccléſiaſtique publia la ſentence le 9. & le 16. Octobre 1749 *

De l'Arrêt donné au Fauxbourg ſaint Médard, M. de M. en appella au Tribunal de la Raiſon; & le Public approuva ſon Appel conſigné dans ſa *Défenſe de l'Eſprit des Loix*.

Cette Brochure eſt de la Raiſon aſſaiſonnée; C'eſt ainſi que Minerve auroit plaidé pour la vérité. La Grace y eſt unie à

* Inſérée dans le Journal des Sçavans edition d'Amſterdam du mois d'Avril. 1750.

à la justesse, le brillant au solide, la vivacité du tour à la force du raisonnement. On y voit l'homme d'Esprit & l'homme de Génie, le Politique & l'Académicien, le Chrétien & le Philosophe. Elle est semée de traits vifs & mordans contre l'Oracle, traits qui vont tous au but & au profit de la Cause.

Les Gazetiers Ecclésiastiques viennent d'y repliquer dans deux de ces feuilles périodiques, * voüées depuis si longtems à la tranquillité publique & destinées à déférer à l'Eglise tout homme qui a le bonheur de ne pas penser comme eux.

Vraisemblablement M. de M. . . . . ne répondra point à ces redoutables adversaires; Il *déclinera* prudemment *le combat;* il laissera le soin de sa vengeance au mépris du Public; & vieux Athléte, il se reposera à l'ombre de ses lauriers, ou s'occupera à en moissonner de nouveaux.

Quand on est né pour éclairer l'Univers, on lui doit compte de ses moindres momens, compte d'autant plus rigoureux, que les talens, utiles au bonheur du genre humain, sont plus rares, & que la dette est immense.

M. de M. . . . . devoit quelques éclaircissemens à un certain ordre de personnes, qu'une longue familiarité avec quelques préjugés régnans avoit séduit contre quelques morceaux de son Livre. Il les a don-

* Du 24. Avril & 1. May 1750. inférée dans les mois de Juin & Juillet du Journal des Sçavans edit. d'Amst.

donnés. Le voilà désormais quitte envers eux. Quelle apparence qu'il se donne la peine de suivre dans tous leurs écarts des Nouvellistes désœuvrés, accoutumés à ne porter sur les objets qu'un oeuil prévenu, empressés à saisir l'occasion de s'illustrer aux dépens du mérite & des talens, habiles à farder la vérité, intéressés en tout sens à éterniser la dispute!

Mais les Critiques sont d'étranges mortels, qu'on les réfute ou non, ils ont toujours gain de cause. Laissez-vous leur Livre sans réponse? Votre silence est un aveu tacite de votre défaite. Y répondez-vous? Votre défense est un aveu de leur triomphe. Leur imagination en dresse un trophée à leur amour propre.

Cependant l'intérêt de la vérité demande, qu'on la dégage des chaînes dont l'erreur, l'ignorance & la mauvaise foi voudroient l'accabler. C'en est assez pour justifier l'examen que je vais faire des Feüilles des 24. Avril & 1. Mai des *Nouvelles Ecclésiastiques*. Commençons.

„ Des reproches que nous avons fait à „ l'Auteur de l'Esprit des Loix, il y en „ a sur lesquels il essaie de se justifier & „ ne le fait pas: il y en a sur lesquels il „ n'ose pas même tenter de se justifier".

Cet Auteur est singulier. Quoi! les Gazetiers Ecclésiastiques auront sué à grosses gouttes pour détacher quelques propositions, qui, isolées & ne tenant plus au tout, paroitront condamnables; ils se seront mis en quatre pour lui faire des reproches, & il ne daignera pas y répondre? Mépriser des reproches Jansénistes! Oh! pour le coup, si ce procédé est fort sensé, il est du moins fort impoli. Se justifier sur les uns, passer sous silence les autres, n'est-ce pas une inique partialité? n'est ce pas insinuer, que les premiers ne méritent que du mépris ou de l'indignation, & que les seconds leur sont communs avec quelques mondains, quelques profanes, dont M. de M..... a bien voulu, dans sa *Défense*, lever les scrupules & éclairer la bonne-foi: & cette insinuation, ces *forfanteries* ne décèlent-elles point un homme qui veut secoüer le joug de toute autorité légitime; car est-il rien de plus légitime que le droit qu'ont les Jansénistes de faire des *reproches*? Le saint Pere, l'Evêque de Sens, les Journalistes de Trevoux, le Procureur Général, le Lieutenant de Police l'a bien: pourquoi les Gazetiers Ecclésiastiques ne l'auroient-ils pas?

M. de M.... avoit prié ses Lecteurs de ne pas juger par une lecture de quelques minutes d'un ouvrage de vingt années.

Les Gazetiers ne lui ont point accordé cette grace. Leurs deux premieres feuilles annoncent un homme qui a parcouru trois volumes avec une extrême rapidité, & qui en a tiré quelques propositions qui ont eu le malheur de ne pas ressembler à ses préjugés. C'est un Voyageur, que la vitesse de son cheval empêche de voir distinctement les objets gracieux & frappans dont la nature & l'art ont embelli la campagne

pagne, qui, arrivé dans la Capitale, est blessé de tout ce qui ne sympatise pas avec ses idées, stupidement étonné de tout ce qu'il devroit admirer, fatigué de tout ce qui porte l'empreinte du nouveau, & qui, de retour dans son Païs, n'apporte à ses compatriotes que de faux jugemens sur ce qu'il a vu, jugemens moulés sur de vieilles idées & dictés pour la prévention à travers de la quelle il a tout vu.

M. de M. . . . s'est cru en droit de ne pas répondre à des Critiques qui ne l'avoient pas entendu, & qui peut-être n'avoient pu ni voulu l'entendre. D'ailleurs ils violoient la premiere loi de leur art: au lieu de donner des preuves, ils faisoient des *reproches*, & de Critiques ils devenoient Censeurs. Vis à vis d'un aussi habile raisonneur, c'étoit bien le moins que d'employer le raisonnement; mais il est aisé de faire des reproches & difficile de donner des raisons: ils recoururent donc à la voye la plus courte. Le ton magistral est si aisé à prendre! ils le prirent. Croyoient-ils, que l'Auteur de l'*Esprit des Loix* courberoit humblement la tête sous le joug du Despotisme dont il voudroit affranchir ses semblables? Croyoient-ils, qu'il reconnoitroit l'autorité arbitraire dans le Monde sçavant, lui qui ne la peut souffrir dans le Monde Politique?

„ Nous avons reproché à l'Auteur de
„ l'esprit des Loix d'avoir dit: *qu'il s'en*
„ *faut bien que le Monde intelligent soit aussi*
„ *bien gouverné que le monde Physique.* Ce

 „ qui

„ qui ſuppoſe en Dieu un défaut de ſageſ-
„ ſe & un manque de puiſſance. A ce re-
„ proche, point de réponſe ".

Et en falloit-il à un reproche ridicule? Qu'exprime la propoſition cenſurée? Une vérité d'experience. Etoit-il donc ſi néceſſaire de dire: VOIEZ: à gens qui n'avoient pas d'abord *vu*? Cette vérité, entendue du Gouvernement Politique, eſt inconteſtable. Les Critiques ſont reſponſables du ſens impie qu'ils y attachent & de l'affreuſe conſéquence qu'ils en tirent avec Bayle. Si M. de M.... ſçavoit, comme eux, l'art funeſte d'empoiſonner les paroles les plus innocentes, après avoir établi ſa refléxion ſur des principes inébranlables, quelles malignes interprétations n'auroit-il pas donné à ces mots „ ce qui marque en Dieu un défaut de „ ſageſſe & un manque de puiſſance"? Que n'auroit-il pas dit ſur cette aſſociation des Gazetiers avec Bayle, des défenſeurs de la Religion avec le deſtructeur de toute vérité?

Il a laiſſé ces petits artifices à ſes adverſaires; il a gardé le ſilence: étoit-il beſoin de le rompre, pour dire ce que tout le monde ſçait, qu'il y a moins de défauts dans l'Univers Phyſique que dans le Moral, parce que les êtres Moraux, libres par leur nature, agens vicieux par le mauvais uſage de leur liberté, different eſſentiellement des Etres Phyſiques, qui ſont purement paſſifs, & par conſéquent incapables de troubler l'ordre établi, & de ſortir des loix générales que leur Auteur a preſcrites?

„ Nous avons reproché à l'Auteur d'avoir dit:

„ dit: *que la vertu n'est point le principe du* „ *Gouvernement Monarchique*. Point de ré- „ ponse".

Habemus confitentem reum, pouvoient ajouter les Gazetiers: son silence prouve qu'il a eu tort d'avancer un fait notoirement vrai. Il devoit dire que l'*honneur* étoit le principe des Républiques & la *vertu* le ressort des Monarchies. Qu'y auroit-il eu de plus aisé, que d'accorder ensuite l'histoire du monde avec cette hypothése-là?

„ *Dans les Monarchies, la Politique fait* „ *faire les grandes choses avec le moins de vertu* „ *qu'elle peut*".

Quel blasphéme! analyser le Gouvernement Monarchique, n'est-ce pas detruire, renverser, anéantir la Religion? Attribuer les *grandes choses* à la Politique, n'est-ce pas en ravir la gloire à la Grace? n'est-ce pas insulter un Dieu jaloux?

„ *Les Loix tiennent la place de toutes ces* „ *vertus héroïques que nous trouvons chez les* „ *Anciens, dont nous avons seulement entendu* „ *parler*".

Que notre siécle a d'obligation aux Jansénistes! Qu'ils le vengent bien aujourd'hui des injures qu'ils ont jusqu'à présent vomi contre lui & de l'injuste préférence qu'on donne à l'antiquité, dont les *vertus*, dit le même Auteur, *étonnent nos petites âmes*. Ce passage, je l'avouerai ingenument, me parut d'abord très indifférent; mais examiné de près, il est rempli de venin. Il tend visiblement à la propagation de l'Athéïsme. *Les Modernes ne valent pas les Anciens*; c'est

 dire

dire clairement, que la Religion Chrétienne a moins de moyens que le Paganisme pour porter les hommes à la vertu: voilà ce que c'eſt que d'avoir de bons yeux! On voit dans un livre mille choſes qui n'y ſont pas.

„ *Les Monarchies n'ont aucun beſoin de la* „ *vertu; & l'Etat vous en diſpenſe*".

Cette vérité a mis les Gazetiers de mauvaiſe humeur, ſans doute en conſéquence d'un retour ſur eux-mêmes. Ce retour devroit pourtant les avoir convaincus que la vertu eſt un bien très ſtérile dans une Monarchie. Quant à la vertu Républicaine, à cette vertu qui conſiſte dans l'amour de l'ordre, des loix & de l'indépendance, elle ne ſçauroit être de miſe dans un Gouvernement, où Tout ſe rapporte à Un, où l'honneur ſeul ſurvit à la perte des avantages de la liberté, où l'on ne peut aimer les loix parce qu'avec l'envie de ne s'y ſoumettre pas, on eſt dans la néceſſité de s'y ſoumettre, où le deſir de l'indépendance eſt toujours un crime, où la puiſſance coactive rend l'amour de l'ordre une chimere, un être de raiſon. La vertu conſiſte dans le choix; & l'Etat *vous diſpenſe* de choiſir. Croire que M. de M.... a voulu parler des vertus chrétiennes & non des vertus politiques, & qu'il a prétendu attribuer au Monarque le même droit de diſpenſer des Loix Morales, que celui que la Cour de Rome fait valoir avec tant de ſuccès, c'eſt ſe forger des monſtres pour les combattre.

„ La vertu n'eſt point néceſſaire dans le „ Gou-

„ Gouvernement Despotique; & l'honneur „ y seroit dangereux. Point de réponse ".

Il étoit aisé de se convaincre de la vérité de cette maxime en jettant un coup d'œuil sur le Gouvernement Despotique. Le Peuple y est esclave; les Grands & les Petits n'y sont que des Marionettes que le Machiniste fait mouvoir à son gré. Loin qu'il leur soit permis de choisir, d'agir à leur fantaisie, il ne leur est presque pas permis de vouloir. Ainsi, non seulement la Vertu n'est point nécessaire dans les Etats, mais encore il est nécessaire qu'il n'y en ait point. Le Despote a bien affaire d'un sujet qui opposera à ses loix les loix de l'honneur, qui balancera entre l'obéïssance & le devoir, qui sera tantôt entraîné par la crainte, tantôt emporté par la gloire! Il lui faut des sujets, qui soumettent leur être à ses volontés, qui tremblent à son aspect, qu'un mot éléve, qu'un clin d'œuil anéantisse, qui l'adorent comme une Divinité, qui regardent comme le premier de leurs devoirs une obéïssance aveugle à ses ordres les plus contradictoires, qui bénissent leur trépas quand il l'a prononcé, en un mot des sujets imbécilles. Permettez pour un moment à l'honneur & à la vertu un libre accès dans l'Etat Despotique; cet état deviendra Monarchique ou Républicain: Monarchique si l'amour de la gloire l'emporte, Républicain si l'amour de la Patrie gagne le dessus; le Despote tombera, parceque son Thrône sera sappé par les fondemens. Ces deux causes, l'honneur & la vertu,

vertu, mifes en action, produiront des effets analogues à leurs principes, c'eft à dire, la deftruction du pouvoir arbitraire. Si ce pouvoir ne peut tenir contre les efforts des vertus Morales, foutiendra-t'il mieux les combats des vertus Chrétiennes? Non *la Religion Chretienne, malgré la Grandeur de l'Empire & le vice du climat empêchera le Despofitifme de s'établir en Ethiopie & portera au milieu de l'Afrique les mœurs de l'Europe & fes loix* *. Le Dannemarck fe dépouillera de tous fes droits, & le Prince n'en ufera que pour le bien de l'état; les Etats confereront au Prince une autorité abfolue, & le Prince n'en exercera qu'une modérée.

L'exil de l'honneur & de la vertu eft donc nécessaire à la confervation de l'Etat Defpotique. Ce Gouvernement ne porte que fur cet axiome: *Tous doivent tout à un; & Un ne doit rien à tous*: Or, cet axiome détruit le Droit Naturel; la deftruction du droit Naturel fuppofe celle des rapports entre les chofes: la deftruction des rapports entraîne celle de la vérité qui n'a d'autre fondement que le lien mutuel des objets, & la deftruction de la vérité n'emporte t'elle pas celle de la vertu, qui n'eft qu'une fuite de la connoiffance de la vérité? Le nier, ce feroit affirmer que l'effet peut furvivre à fa caufe. Que conclure de tout ceci? 1°. Que le Gouvernement Defpotique eft vicieux dans fon principe, & c'eft ce que M. de M.... a prouvé.

2°. Que

* Liv. 24. C. III. de l'Efprit des Loix.

2. Que cet Auteur loin d'être blamable d'avoir dit que la vertu n'y étoit point néceſſaire eſt coupable d'une legere inexacti-titude, en ce qu'il auroit du dire, qu'il étoit néceſſaire qu'il n'y en eut point.

3. Qu'il s'eſt plaint avec raiſon, que *les Critiques ſembloient avoir juré de n'être jamais au fait de l'état de la queſtion & de ne pas entendre les paſſages qu'ils attaquoient.*

4. Qu'il a eu droit de mépriſer des *reproches* fondés ſur l'inattention ou la mauvaiſe foi des Gazetiers; inattention s'ils n'ont pas vu la note du Chapitre V. du livre troiſiéme: *Je parle ici de la vertu politique, qui eſt la vertu morale dans le ſens qu'elle ſe dirige au bien général; fort peu des vertus morales particulieres, & point du tout de cette vertu qui a du rapport aux vérités Révélées*: mauvaiſe foi s'ils ont vu cette note. Leur critique, marquée du ſceau de la candeur, les rapproche du titre d'étourdis dont cette même critique marquée au coin du zèle & de l'intolérance les éloigne.

5. Qu'on ne ſçauroit aſſez s'étonner, que des écrivains, qui ont eu tout le tems de ſe convaincre, qu'il n'avoient vu dans *l'Eſprit des Loix* que des mots, ſe ſoient opiniatrés à n'y voir autre choſe, & ayent regardé comme ſans replique une accuſation à laquelle le Livre même avoit déjà répondu.

„ Nous avons reproché à l'Auteur d'a-„ voir dit, " *que le Monachiſme eſt né dans les Païs chauds d'Orient, où l'on eſt moins porté à l'action qu'à la ſpéculation.*

Sur quoi tombe le *reproche*? Eſt-ce ſur la pro-

proposition avancée? elle est vraye. Le berceau du Monachisme fut l'Egypte, Païs chaud, & si chaud, que les hommes renfermés dans la maison laissoient le soin des affaires domestiques aux Femmes, êtres beaucoup plus propres à ce soin, si celui qui a pretendu, qu'elles n'étoient femmes que par un défaut de chaleur, avoit par hazard trouvé la vérité en riant.

Le *reproche* porte-t'il sur la raison qu'il rend de sa proposition? Cette raison est physique: la chaleur excessive en affoiblissant le Corps, énerve l'action des facultés de l'Ame, qui en dépendent.

Les Critiques vouloient-ils, que M. de M.... s'inscrivit en faux contre le témoignage historique & qu'il assurât, que *le Monachisme est né dans les Pays froids*? ou bien, qu'il fit main basse sur une vérité phisique pour nous apprendre, *que dans les Païs chauds on est plus porté à la speculation qu'à l'action*? s'attendoient-ils, que pour leur plaire, il feroit un désaveu, qui déplairoit au sens-commun?

Peut-être ont-ils été blessés du mot de *spéculation*; En effet il insulte à l'activité de la vie monastique; prenez donc, que M. de M.... se soit mépris pour cette fois, & qu'il auroit du faire des Moines des êtres agissans, au lieu de les qualifier d'êtres spéculatifs.

„ Nous lui avons reproché d'avoir mis
„ sur la même ligne avec les Dervis de la
„ Religion Mahométane & les Pénitens ido-
„ lâtres des Indes les Moines les plus saints
„ &

„ & les plus édifians de l'Eglise Catholique".

Vis à vis d'un Politique, qui considere les objets relativement à l'utilité de l'Espèce humaine, il n'y a pas une grande différence entre un Moine & un Dervis, entre un Pénitent de l'Eglise Indienne & un Penitent de l'Eglise Catholique. Je ne vois pas, que la société soit plus redevable à un Capucin qu'à un Fadir. Les uns & les autres sont fous & fainéans. Un Philosophe trouvera tant de traits de ressemblance entre eux, qu'il pardonnera bien à l'Auteur de l'*Esprit des Loix* de les avoir mis sur la même ligne. Ajouterai-je; qu'on n'entend pas trop bien ce que c'est qu'un *Moine saint, un Moine édifiant*? Dans ce siécle-ci, on ne canonise plus les gens à si bon marché. Autrefois, un Moine étoit un Ange; aujourd'hui un Moine n'est qu'un homme, qui consent ou qu'on force à ne l'être plus: autrefois, un Anachorete édifioit; aujourd'hui le Citoyen seul édifie. Nous sommes un peu plus délicats que nos Peres; ils admiroient & nous jugeons.

„ Nous avons relevé ce que dit l'Au-„ teur, que, *dans le midi de l'Europe, les* „ *loix, qui devroient chercher à ôter tous les* „ *moyens de vivre sans travail, donnent à ceux* „ *qui veulent être trop oisifs des places propres* „ *à la vie spéculative & y attachent des ri-* „ *chesses immenses*".

Il est vrai que M. de M... a dit cela & tout aussi vrai qu'il a du le dire.

L'expérience nous apprend, que dans le Midi de l'Europe les Peuples sont naturellement

lement pareſſeux. La politique nous apprend, que la pareſſe eſt un vice dans un Etat: donc, la Raiſon conſeille au Légiſlateur d'ôter aux Citoyens tous les moyens de vivre ſans travail & de corriger le phyſique du Climat par de bonnes loix; donc, un Légiſlateur qui contribue à nourrir le principe d'oiſiveté, qu'il devroit détruire en attachant à la vie ſpéculative les récompenſes dues aux vertus ſociales, péche contre les premiers élémens de la Politique. En eſt-il aujourd'hui de ſi borné? non; mais il y en a eu; & cela ſuffit pour le malheur des hommes; le mal eſt ſans remède; les Corps ſpéculatifs ſont partout ſi riches, qu'ils auront toujours de quoi corrompre les Légiſlateurs qui oſeront toucher à leurs richeſſes. Les Pierres Alexiowitz ſont ſi rares! Et puis, que peuvent les Loix contre l'ouvrage de la ſuperſtition? Le pouvoir de la politique finit là où celui de la Religion commence.

„ Nous avons reproché à l'Auteur d'a-„ voir dit: qu'il eſt quelquefois ſi néceſſai-„ re aux Femmes de répudier, & qu'il leur „ eſt toujours ſi fâcheux de le faire, que „ la Loi eſt tirannique qui donne ce droit „ aux hommes ſans le donner aux fem-„ mes ".

Le reproche eſt auſſi peu galant que la réflexion eſt ſenſée. Pourquoi voulez-vous priver un ſexe des prérogatives que vous accordez à l'autre? Doüé des mêmes avantages, pourquoi ne jouïra-t'il pas des mêmes droits? Soumis par le tempérament à

la

la même néceſſité, pourquoi lui ſera-t'il défendu de recourir au même remède? N'y a-t'il pas une ſorte de tyrannie à le refuſer à l'un par la même loi qui le donne à l'autre? Des motifs égaux n'éxigent-ils pas une égale permiſſion?

La Nature a, par une prudente compenſation, établi l'égalité entre les deux ſexes. Eſt-ce à la politique à détruire l'ouvrage de la nature? Faite pour le conſerver, l'entretenir, le perfectionner, doit-elle l'anéantir? Et n'eſt-ce pas l'anéantir, que de laiſſer à l'homme & d'ôter à la femme une liberté dont il lui eſt auſſi fâcheux de ſe ſervir qu'il lui eſt néceſſaire de l'avoir?

Le Mariage eſt une ſociété. Même inſtinct, mêmes vœux, mêmes ſermens, mêmes devoirs: pourquoi pas, mêmes droits?

Figurez-vous une Femme, qui ſans ceſſe livrée à ſes penchans ne peut les ſatisfaire, dont la paſſion eſt toujours irritée par la préſence de l'objet & d'un objet préſent envain, qui deſire toujours & ne jouït jamais, qui ſe voit forcée de renoncer même à l'eſpérance dans un état où l'eſpérance l'avoit engagée, qui cherche ſans ceſſe l'Etre & ne trouve jamais que le néant, qui toujours également éloignée & voiſine du plaiſir réaliſe la fable de ce fameux Criminel, qui eſt dans un Fleuve, a ſoif, & ne peut boire. La *Loi* n'eſt-elle pas tyrannique, qui l'attache à jamais à un Cadavre vivant.

De plus, le Mariage eſt un contract: quand l'une des Parties contractantes viole ſes engagemens ou ne peut les remplir ; l'autre peut-elle être aſſervie à des promeſſes conditionnelles. Les liens ſont rompus ; le contract, qui tenoit à ces liens, doit-il ſubſiſter ? Il eſt ſi néceſſaire à la femme de réclamer le droit naturel, il eſt ſi affligeant pour elle d'avoüer qu'elle eſt obligée de le réclamer, qu'en vérité on ne peut juſtifier la loi qui la condamne au ſilence.

Voilà ce que M. de M.... auroit pu répondre, mais avec ces Graces, cette briéveté énergique, cette éloquence perſuaſive qui lui ſont particulieres. Il aura pour lui les Philoſophes, les Dames & tous ceux qui regardent les Dames comme les arbitres des différends ſur les loix de la Nature & du ſentiment. Ces ſuffrages ne le conſoleront-ils pas de la mauvaiſe humeur de Théologiens, plus triſtes que ſenſés ?

„ Nous avons ajouté, que l'Auteur éta-
„ blit pour *Régle générale*, que *dans tous*
„ *les païs, où la Loi accorde aux hommes la*
„ *faculté de répudier, elle doit auſſi l'accorder*
„ *aux femmes*".

Je viens d'expoſer les raiſons de cette *Régle générale* C'eſt au lecteur à juger.

„ Nous lui avons reproché d'avoir dit que
„ *dans les climats, où les femmes vivent ſous un*
„ *eſclavage domeſtique, il ſemble que la Loi doi-*
„ *ve permettre aux femmes la répudiation, &*
„ *aux hommes ſeulement le divorce.* Point de
„ réponſe".

M. de M.... plaide ici pour l'équité naturelle. Il eſt juſte, que dans les Païs, où l'égalité entre les deux ſexes eſt détruite,

truite, où la femme en passant de la maison du pere dans celle du mari ne fait que changer de maître, l'égalité soit en quelque sorte rétablie, la servitude soit affoiblie par quelque privilége particulier. La loi rend la femme esclave; cela n'est pas naturel; mais il l'est, que la loi diminue la pesanteur du joug, qu'elle mette des bornes à l'autorité, qu'elle prévienne la tyrannie: or, nul moyen plus propre que la concession du droit de répudiation aux femmes. Ce droit n'est pas un équivalent de ce qu'elles ont perdu; mais elle en est un dédommagement; c'est un remède à l'abus inséparable de l'excès du pouvoir.

La Loi doit permettre la répudiation aux femmes, & aux hommes seulement le divorce, parce que le divorce peut être fondé sur des sujets legers, au lieu que la repudiation exige ou suppose de grandes raisons de mécontentement, parce que, dans ces païs, une femme répudiée ne sauroit trouver un Mari, au lieu qu'un homme répudié peut trouver autant de femmes qu'il en peut nourrir, parceque, dès-lors, l'état des enfans est assuré, au lieu qu'autrement il est incertain, parceque la supériorité du pouvoir doit être balancée par la supériorité du droit, parce que la femme ne tient qu'à un seul, aulieu que l'homme tient à plusieurs.

M. de M.... pouvoit donc décider, que cette loi seroit très sage; & à qui le ton décisif iroit-il mieux qu'à un homme qui, pendant vingt ans, a porté sur les Loix la rai-

raiſon la plus ſagace & la plus éclairée? Cependant, bien loin de ſe prévaloir de ſes méditations, de ſa perſpicacité, de ſa juſteſſe, il couvre d'un doute modeſte ſa propoſition. Un Auteur ordinaire, convaincu de la ſolidité de ſes réflexions, diroit: *cela doit être.* M. de M... perſuadé, qu'un préjugé eſt ſouvent remplacé par un préjugé ou par une vérité qui ne le vaut pas, dit tout ſimplement: *il ſemble que cela devroit être.* Mais c'eſt bien aux Théologiens à connoître le prix du ſcepticiſme politique!

„ Nous avons dit, que l'Auteur n'a pu
„ s'empêcher de laiſſer voir ſon chagrin
„ ſur le changement, que la Religion Chré-
„ tienne a apporté aux Loix Romaines,
„ qui accordoient des récompenſes à ceux
„ qui ſe marioient ou qui puniſſoient ceux
„ qui ne ſe marioient pas".

Et quel eſt l'ami de l'humanité, qui n'eſt pas touché de la dépopulation qu'a cauſé la ſuppreſſion des Loix Romaines ſur le mariage? Autrefois ceux qui ſe marioient avoient des priviléges; aujourd'hui ceux qui ne ſe marient pas ont des richeſſes immenſes: les membres contribuoient au bien du Corps; le Corps contribue au bien des membres qui le détruiſent: la fécondité étoit regardée comme une bénédiction du Ciel; elle n'eſt plus qu'un préſent funeſte. La propagation étoit encouragée; elle eſt troublée de mille manieres. On luttoit par de bonnes loix contre les pertes cauſées par les peſtes, les guerres, les famines; la politique s'uniſſoit à l'inſtinct de la nature

ture pour réparer le mal phisique & le mal moral; on ajoute à des ravages néceſſaires des pertes volontaires: la politique s'unit au libertinage & à la ſuperſtition pour anéantir des êtres qui ne ſont pas encore ſortis du néant. Qui ne gémiroit à la vue de tous ces malheurs? M. de M.... n'a point laiſſé appercevoir du chagrin; il n'en avoit pas: un Philoſophe ne doit aux malheureux que des leçons & de la pitié.

On trouve, dit-il, *des morceaux des Loix* Juliennes *dans le Code Théodoſien qui les a abrogées, dans les Peres qui les ont cenſurées, ſans doute avec un zèle loüable pour les choſes de l'autre vie, mais avec très peu de connoiſſance des affaires de celle-ci.*

J'ai deux remarques à faire ſur ce paſſage.

La premiere eſt contre les Critiques. Je ne conçois pas, qu'on puiſſe s'aveugler au point de prétendre, que les Peres de l'Egliſe n'ont pas montré leur ignorance dans les affaires de ce monde en déclamant contre le mariage, qui en eſt le perpétuel réparateur. Eſt-ce entendre les intérêts de la ſociété civile, que de ſapper les fondemens de la ſociété. Hé! Meſſieurs, Dites, ſi vous voulez, que les Peres étoient de fort bons Chrétiens; on vous l'accordera peut-être; mais ne dites pas, que ces bons Chrétiens étoient de bons Politiques; leurs écrits vous donneroient un démenti formel.

Ma ſeconde remarque eſt contre l'Auteur. Je ne conçois pas, qu'un Juriſconſulte philoſophe ait pu ſe réſoudre à faire l'éloge de principes défectueux. Un zèle, qui anéantit l'espèce humaine, feroit un *zèle loüable?* On pourroit être tout à la fois coupable de la destruction de ce monde & *loüable* de ce pieux dessein? On seroit recompensé dans l'autre vie pour avoir troublé les affaires de celle-ci? ce seroit être véritablement zèlé pour les choses du Ciel, que d'être fanatique sur celles de la Terre?

Non: la Raison proscrit ces bizares idées, & la Religion les desavoue. L'une & l'autre vivent dans une parfaite intelligence: les séparer, c'est les méconnoitre ou les trahir: unies par le nœud le plus étroit, elles se prêtent un secours mutuel. Ce sont deux flambeaux, dont l'un ne sçauroit briller quand l'autre est éteint. Ce sont deux époux, dont l'un ne sçauroit survivre à la mort de l'autre.

Un zèle, dont les principes produisent de pernicieux effets, est un zèle aveugle; & un zèle aveugle est-il *loüable*? Le sage n'accorde son estime qu'à un zèle éclairé; c'est à-dire, qu'il la refuse à presque tous les zèlés. Il est si peu de vérités qui nous soient assez démontrées, pour justifier notre zèle! Et les zèlés sont si peu délicats sur le choix des moyens pour étendre leurs opinions!

Le zèle est *loüable*, dit-on, en ce qu'il a pour objet de plaire à la Divinité.

Cette maxime canonise le fanatisme & l'enthousiasme, toutes les erreurs qu'ils enfantent & toutes les horreurs qu'ils produisent. Qui arme le bras du persécuteur? c'est c'eſt le zèle Qui inſpire à Clément & à Ravaillac le deſſein d'aſſaſſiner deux de nos Rois & le courage d'éxécuter ce deſſein? c'eſt le zèle. Qui déthrône les ſouverains, qui renverſe les Etats, qui rompt les liens de la ſociété, qui étouffe les ſentimens de la nature, qui éteint les lumieres de la raiſon? C'eſt le zèle encore. Le zèle eſt un dogue qui dévore tout ce qui ſe preſente à lui; il faut enchaîner ce dogue depeur qu'il ne ſe jette ſur ſes maîtres mêmes. L'indifférence n'a fait aucun mal au Monde; elle caractériſe le ſage; qui ſait, qu'il eſt aiſé de connoitre les abus & difficile d'y remédier, aiſé de faire le bien & difficile de le bien faire, aiſé de trouver la verité & difficile d'ôter aux moyens de la repandre la teinture de nos paſſions.

En tous païs, dans tous les ſiécles, l'objet du zèle a été de plaire à la Divinité: Et lui plairoit-on en vengeant l'erreur par le crime, à la maniere de l'Intolérant, ou en détruiſant la vertu par la chimere, à la maniere du myſtique?

Quel eſt le zèle louable? celui qui ſe borne à nous mêmes. Severes pour nous, ſoyons indulgens pour nos ſemblables, de peur que nous opoſant zèle à zèle, ils ne ſoumettent la vérité & la vertu, c'eſt-à-dire, les biens les plus précieux de l'homme à la plus injuſte des Loix, la loi du plus fort.

On eſt zèlé pour la Religion, qui ſe ſoutient par elle-même, qui, émanée du plus puiſſant des êtres, n'a pas beſoin du ſecours du plus foible pour ſe conſerver: on on ne l'eſt point pour l'Etat, qui ne peut ſe ſoutenir ſans une force étrangere.

Le premier zèle eſt de toutes les Religions, & ne devroit être d'aucune: le ſecond n'eſt d'aucun Etat, & devroit être de tous. Le premier fait de mauvais Citoyens: j'en atteſte l'expérience; le ſecond fait des heureux: j'en atteſte l'Angleterre, où l'on en voit quelques traces.

Que le zèle s'exerce ſur l'obſervation des Loix, ſur les devoirs civils; mais qu'il finiſſe là où les devoirs moraux commencent. Qu'il reſpecte ces limites; qu'il ne les franchiſſe que par des prieres & des vœux. Le zèle religieux devient criminel, dès-qu'il ceſſe d'être oiſif; il ne doit agir en faveur de la vérité que par la perſuaſion, en faveur de la vertu que par l'exemple.

Ce qui me rend le zèle ſuſpect, c'eſt que le zèle & l'indifférence dépendent du tempérament: ils ſont créés par le plus ou le moins d'impreſſion que les preuves d'une vérité ou d'une opinion font ſur l'âme, impreſſion rélative au degré de chaleur du ſang, à la diſpoſition des organes, à la qualité de l'imagination. On croit ſuivre les mouvemens d'un zèle éclairé; l'on ne ſuit que l'impétuoſité d'une paſſion aveugle. On ſe félicite d'une philoſophique indifférence; le caractere a réellement toute la gloire de ce qu'on attribue à la philoſophie. Les jugemens de la Raiſon tiennent toujours du Naturel; ce ſont des Vins qui ont le gout du terroir. Les effets de la perſuaſion étoient differens dans Boſſuet & dans Féné-

Fénélon; dans le Clerc & dans Jurieu, parceque les degrés l'étoient. Peut-être étoient-ils également persuadés: mais assurement ils n'étoient pas également zélés, parceque deux d'entre eux n'avoient ni le même tempérament ni par conséquent les mêmes passions que les deux autres.

Le zèle des Peres nous paroit *loüable*, parceque nous sommes accoutumés dès l'enfance à respecter leurs décisions. De l'idée de sainteté nous passons à celle de justesse. De grands noms frappent notre oreille & séduisent notre esprit. La haute idée que nous avons de leurs ouvrages nous en donne une avantageuse de leurs actions. *Vieilles idoles, encensées par habitude.*

Mais qui ne voit, que ce préjugé, en confondant tout, excuse tout? Origène, animé d'un saint zèle contre la plus chere partie de soi même, sera *loüable* d'y avoir porté un barbare rasoir. Tertullien sera *loüable* de s'être déchainé contre les secondes nôces, & de les avoir regardées comme une union criminelle. Saint Augustin sera *loüable* d'avoir avancé, que les biens de ce monde n'appartiennent qu'aux Bons; d'avoir sophistiqué en faveur de l'Intolérance, soufflé le froid & le chaud sur la Grace. Saint Bernard sera *loüable* d'avoir préché la nécessité d'une guerre injuste & encouragé les Croisés par une prophétie normande. Saint Grégoire sera *loüable* d'avoir assaisonné des plus indécentes invectives & des calomnies les plus noires trois discours contre Julien. Les Peres seront *loüables* d'avoir recouru à des fraudes pieuſes pour démontrer la vérité du Chriſtianisme, telles que la ſuppoſition des oracles des ſybilles, des livres de Trismégiſte &c. Les Papes ſeront *loüables* de s'être arrogé une infaillibilité que leurs flatteurs oſent à peine leur accorder aujourd'hui, d'avoir uſurpé une autorité détronante & d'avoir uni au titre de ſerviteur des ſerviteurs le titre de Roi des Rois, ſans être ni l'un ni l'autre. N'y a-t'il qu'à dire dévotement, *ad majorem Dei gloriam?* Cela eſt ſi aiſé!

Les Peres ſont pour nous dans un point de vue, qui nous en impoſe. Rapprochons les de nous, arrachons leur ce maſque qui nous fait illuſion. N'en jugeons point par ce qu'ils devroient être; jugeons en parcequ'ils ont été. Que ces grands hommes ſeront petits!

Régle générale: tout zèle, que le Magiſtrat, Chrètien ou incredule, a droit de réprimer, ne ſçauroit être *loüable.* Or, le zèle des Peres contre le mariage eſt de ce genre. Il tend à la deſtruction de l'eſpèce humaine; il combat tous les penchans de l'inſtinct; il va directement contre le droit naturel.

Je ne reconnois rien de *loüable* dans un zèle, dont le *loüable* eſt local ou perſonel. Or, tel eſt celui des Peres. Détachez-le de l'antiquité, détachez-le de leurs perſonnes: Tranſportez-le à un homme dont le nom n'ait rien d'auguſte, dont le tems n'ait pas conſacré les opinions & la conduite: Autant vaudroit-il livrer cet homme au bras

bras ſeculier ou à l'indignation publique.

Je ne vois rien de *loüable* dans un zèle, qui ſous prétexte de perfectionner la Réligion Chrétienne, attaque la Naturelle. Tel eſt préciſément le zèle des Célibataires: ils détruiſent une des plus importantes loix de la Nature, qui nous ordonne de travailler à la propogation de notre Etre.

Il eſt bien fâcheux que les colomnes de l'Egliſe en ayent ſi mal ſoutenu l'édifice. N'écoutons point le préjugé qui nous parle pour eux. Il y a un zèle qui vient de Dieu; mais auſſi, il y a un zèle qui vient du Diable. Leurs cauſes ſe manifeſtent par leurs effets; & la prévention ne peut tenir contre la connoiſſance de ces effets. Bellarmin aura beau être regardé comme un ſaint en Italie, il ſera regardé comme un ſéditieux en France: la canoniſation ne ſanctifiera pas ſes fureurs du tems de la Ligue. Saint Jérome aura beau avoir quelques centaines d'années pour lui, ſes déclamations, contre le Mariage, ſes opinions myſtiques ſur le Célibat ſerviront en tout tems à le dégrader. Les Moines auront beau ſe parer d'un grand amour de la perfection, de leurs vœux de pauvreté, d'obéïſſance & de chaſteté, de leur fidélité à remplir ces vœux, ils ſeront toujours coupables envers la ſociété, pour laquelle ils étoient nés, à laquelle ils ſont inutiles; quoiqu'en penſe le vulgaire, ce ſera toujours un mauvais zèle, que d'augmenter le nombre des ſaints en diminuant celui des hommes.

„ Nous

„ Nous avons encore obſervé, que l'Au„ teur ſe plaint de ce que des ſectes de „ Philoſophes avoient attaché une idée de „ perfection à tout ce qui mene une vie „ ſpéculative: *d'où l'on avoit vu naître l'é„ loignement pour les ſoins & les embarras d'u„ ne famille*".

A quoi bon cette obſervation? Le fait eſt-il vrai? M. de M. a pu ſe ſervir de cette vérité, parceque toutes les vérités apartiennent au Philoſophe.

La Religion Chrétienne, pourſuit-il, *venant après la Philoſophie, fixa, pour ainſi dire, des idées, que celle-ci n'avoit fait que préparer.*

Voilà le venin. C'eſt calomnier le Chriſtianiſme, que d'avancer, qu'il vint après telle ſecte de Philoſophes, & qu'il eut quelque choſe de commun avec elle. A la vérité, M. de M...... ne dit pas tout à fait cela; il dit ſeulement, que *les changemens de Conſtantin furent faits ou ſur des idées qui ſe rapportoient à l'établiſſement du Chriſtianiſme, ou ſur des idées priſes de ſa perfection.* Mais cette conjecture n'en eſt pas moins propre à ſcandaliſer les oreilles pieuſes: qui en doute?

„ Pour étendre une Réligion nouvelle, „ il fallut ôter l'extrême dépendance des „ Enfans, qui tiennent toujours moins à „ ce qui eſt établi ".

Les Critiques veulent-ils nier, que Conſtantin mit en œuvre de moyens purement humains pour établir le Chriſtianiſme? L'Hiſtoire dépoſe contre eux? Veulent-ils nier, que cet Empereur affoiblit l'autorité paternelle

nelle & tira les enfans de l'extrême dépendance où les mettoient les Loix Romaines? L'Histoire dépose contre eux. Veulent-ils nier, que ce ne soit un très bon moyen, pour faire recevoir une Réligion? L'Histoire depose encore contre eux; & la Politique se sert encore aujourd'hui avec succès de cet artifice. Veulent-ils nier, que le Christianisme fut une Religion nouvelle? Il est vraisemblable, que leur censure n'a eu d'autre objet, car ils ont mis en Italique ces mots: *nouvelle Religion*; on voit qu'ils en ont été choqués. Quoi? La Religion Chrétienne n'étoit pas *nouvelle* alors? Ne l'étoit-elle pas pour la moitié de l'Empire, qui ne l'avoit pas reçue? Ne l'est-elle pas encore aujourd'hui pour la moitié du monde, qui n'en a pas entendu parler? La Religion & la vérité sont éternelles; mais toute Religion & toute vérité ont une *nouveauté* rélative.

Du reste, il est très possible que, persuadés que la conversion de l'Empire sous Constantin est un effet de la Grace efficace, les Critiques ayent été blessés qu'on l'attribuât à la Politique.

„ Nous avons reproché à l'Auteur d'a-
„ voir dit; que *le célibat est un Conseil du*
„ *Christianisme* ".

Le reproche est légitime: la Réligion Chrétienne ne conseilla jamais le Célibat, par ce que Dieu, qui en est l'Auteur, ne peut pas plus conseiller le mal que l'ordonner.

Quel respect meriteroit cette Religion, si

ſi une fois il étoit bien prouvé, que les Livres ſacrés attachent une idée de perfection au Celibat? Dans l'ouvrage de Dieu, pourroit-on trouver des choſes contraires au bien de l'homme? Non. Et le Celibataire eſt ce Figuier que le Fils de l'homme frapa de Malediction, par ce qu'il ne portoit pas du fruit.

Auſſi ne trouve-t'on dans aucun endroit de l'Ecriture l'inſtitution du Célibat, au lieu que dans les premieres pages de la Genèſe on trouve l'inſtitution du Mariage. Le Législateur qui a dit : *croiſſez & multipliez*, n'a point révoqué cette Loi : Et comment l'auroit-il révoquée? Il ne ſçauroit ſe contredire.

Et remarquez, s'il vous plait, qu'il faudroit une loi expreſſe pour le Célibat, au lieu qu'il n'étoit pas ſi néceſſaire qu'il y en eut une pour le Mariage. Tout porte les hommes à celui-ci, & par conſéquent tout les éloigne de celui-là. Le deſir le plus vif & le plus naturel les engage à former une ſociété où le deſir eſt ſatisfait. Il falloit donc une Loi qui les écartât de cette ſociété où la Nature les conduit : or cette loi n'exiſte que dans le cerveau des Myſtiques.

Saint Paul, il eſt vrai, parle fortement en faveur du Célibat : mais, dans ce Chapitre, c'eſt l'Apôtre qui parle & non le ſaint Eſprit. Il nous en avertit expreſſément lui-même, comme s'il eut voulu prévenir les dangereuſes conſéquences qu'on en pouvoit tirer. Il diſtingue avec autant de ſoin que de le bonne-foi ce qui vient de lui & ce qui vient de Dieu. Abandonné à lui-même, à ses lumieres, à ses erreurs, il tâtonne, il le sent, il l'avoue. Loin de s'arroger une inspiration qu'il n'a pas, il dit positivement, que, fidelle Ministre du saint Esprit, il n'en est pas actuellement l'organe.

Et qu'étoit-il besoin, qu'il le fut? Les Corinthiens lui avoient demandé son sentiment sur le Mariage. Sa réponse est rélative aux circonstances où ils se trouvoient; circonstances, qu'il pouvoit connoitre sans cette inspiration, qui ne lui étoit accordée, que lorsqu'elle étoit nécessaire; circonstances auxquelles il pouvoit s'accommoder par les seules lumieres de la Raison, sans le don d'infaillibilité.

Il leur dit donc; *Pour ce qui regarde les choses dont vous m'avez écrit, il est avantageux à l'homme de ne toucher aucune femme..... à cause des fâcheuses nécessités de la vie présente.... parceque les personnes mariées souffriront dans leur chair des afflictions & des peines, que je voudrois vous épargner..... Car le tems est court:* la persécution s'approche à grands pas; *& je desirerois de vous voir dégagés de soins & d'inquiétudes.... Ce n'est pas le seigneur; mais c'est moi qui parle.*

Peut-être objectera-t'on les versets 32, 33, 34 où saint Paul semble perdre de vue les circonstances, où il offre dans le Célibat des idées de perfection, où il représente des motifs généraux? Son conseil, dira-t'on, s'étend sur tous les fidéles, parceque les raisons sur lesquelles il l'appuye embrassent

ſent tous les états où les fidelles ſe peuvent trouver.

Mais cette objection diſparoitra, ſi l'on fait attention à ces paroles du verſet 25: *Quant aux Vierges, je n'ai point reçu de commandement du ſeigneur : mais voici le conſeil que je donne.*

Ce paſſage nous met à notre aiſe. Saint Paul y dit, qu'il n'eſt point inſpiré, & nous devons l'en croire ſur ſa parole. Nous pouvons donc l'enviſager, dans ce cas particulier, comme un homme, comme un Philoſophe, comme un Caſuiſte. Homme, il eſt faillible: Philoſophe, il fait un ſiſtême arbitraire : Caſuiſte, il eſt myſtique & donne dans les raffinemens de la Dévotion.

Saint Paul ſe tromper! ſaint Paul donner un mauvais Conſeil! eh! oüi; cela n'eſt pas vraiſemblale, cela eſt pourtant vrai: prouvons-le.

Je voudrois, dit-il, *que tous les hommes fuſſent dans l'état où je ſuis moi-même*; c'eſt-à-dire, vierges, ſi je ne me trompe.

Mais 1. c'eſt faire un ſouhait impoſſible; car c'eſt ſouhaiter, que les hommes fuſſent hommes & ne le fuſſent pourtant plus: 2. un ſouhait contraire aux vues de la Providance, qui a voulu ſe ſervir de l'attrait du plaiſir pour perpétuer le Genre humain: 3. un ſouhait criminel, parcequ'il ne nous eſt pas permis de nous oppoſer à l'exiſtence des êtres ſur qui nous n'avons aucun droit: 4. un ſouhait dangereux; car ſuppoſez-le accompli; ſuppoſez que tous les hommes ſe ſe vouent au Célibat, c'en eſt fait, cette génération eſt la derniere: le monde finit avec elle.

Celui qui n'eſt point marié, s'occupe du ſoin des choſes du ſeigneur.... mais celui qui eſt marié s'occupe du ſoin des choſes du monde, & ainſi il eſt partagé.

Oui: il ſe trouve partagé, & il doit l'être. Il eſt fait pour agir & non pour contempler; né pour la ſociété, homme avant que d'être Chrétien, il doit travailler au bien du Tout, dont il fait partie. Son travail, ſuivant l'Apôtre même, vaut une priere. C'eſt en ſe partageant entre ſes beſoins animaux & ſes devoirs religieux, entre ſa famille & ſon Créateur, qu'il remplit ſa deſtinée: c'eſt en rapportant à l'Etre ſuprême toutes ſes actions, comme à leur centre, qu'il les ſanctifie & qu'il plait à Dieu. *Celui qui n'eſt point marié s'occupe du ſoin des choſes du ſeigneur.* Cela peut-être vrai; mais il l'eſt beaucoup plus, que cet homme ne remplit que le tiers de ſes devoirs, & qu'il eſt coupable d'oublier ce qu'il ſe doit à lui-même & ce qu'il doit aux autres.

Je vous dis ceci, ajoute l'Apôtre, *pour vous porter à une plus grande ſainteté.*

Le moyen eſt mal choiſi: car il eſt aſſez mal-aiſé de prier Dieu quand on eſt ſans-ceſſe aſſiégé par des penſées étrangeres, tenté par l'attrait de la plus aimable & de la plus invincible des paſſions, diſtrait par de continuels deſirs, d'autant plus vifs qu'ils ſont plus irrités, d'autant plus irrités qu'ils ſont moins ſatisfaits. D'ailleurs, un effet, vicieux dans ce monde, ne ſçauroit nous aſſurer une meilleure place dans l'autre. Un moyen ſe reſſent toujours du vrai ou du faux de ſon principe.

Saint Paul va plus loin dans les deux verſets ſuivans. Il inſinue, qu'il y a une ſainteté, inhérente au Célibat. Plus haut, il le regardoit comme un moyen de perfection même: *ſi quelqu'un*, dit-il, *prend une ferme réſolution dans ſon cœur, & juge en lui-même, qu'il doit conſerver ſa fille vierge*, il fait *une bonne œuvre.* Soit pour un moment. Si le temperament de la fille en appelle de la déciſion du Pere; ſi, privée d'un mari néceſſaire, elle ſe défait, dans les bras d'un amant, d'une virginité *brulante;* ſi, laſſe de ſe combattre, de ſe réſiſter, de ſe vaincre ſans ceſſe, elle céde à un penchant d'autant plus fort qu'il eſt réprimé; l'œuvre eſt-elle bien prudente?

L'Apôtre donne aux Peres une autorité ſupérieure à celle que leur donnoient les Loix les plus favorables; autorité chimérique, puiſqu'elle leur confere un droit que les filles mêmes n'ont pas, autorité ſujette au mépris, parceque dans le tems de Saint Paul l'uſage des grilles & des verroux n'avoit pas encore fait d'un ſacrifice volontaire un devoir indiſpenſable. Un Pere n'eſt point le maître du mariage ou du célibat de ſa fille, parcequ'il ne l'eſt point de ſes deſirs.

Celui qui marie ſa fille fait bien; & celui qui ne la marie pas fait encore mieux.

Voit-on dans cette ſentence les traces de

de l'inſpiration divine? Je n'y trouve que celles de la Raiſon humaine. Que livré à lui-même, l'homme eſt peu de choſe! Quelle différence de Saint Paul inſpiré à Saint Paul parlant de ſon chef! Que ſes mauvais Conſeils ſur le Célibat comparés aux ſublimes vérités qu'il annonce, à la ſagacité avec laquelle il pénetre les myſteres les plus profonds, aux belles leçons de morale qu'il donne par-tout ailleurs, me montrent bien dans les uns le doigt de l'homme, dans les autres le doigt de Dieu?

Revenons à M. de M. . . . Les Gazetiers lui font un crime de n'avoir pas dit, que le Célibat fut un précepte du Chriſtianiſme; & moi, je ſuis fâché, qu'on puiſſe reprocher à ce grand homme d'avoir méconnu l'Eſprit de la Religion au point d'avoir cru, qu'elle en faiſoit un conſeil, & envisagé le Célibat comme un état plus parfait. *A Dieu ne plaiſe*, dit-il, * *que je parle ici contre le Célibat qu'a adopté la Religion!*

Il en reconnoit donc la bonté; il approuve donc cette *Loi de diſcipline*, † qui fait d'un mal phyſique un mal moral, cette loi, qui *étendant le corps du Clergé & reſſerrant celui des Laïques*, a des conſéquences affreuſes, en ce qu'elle anéantit inſenſiblement l'un & l'autre.

S'il avoit jetté les yeux ſur la nature du Célibat, il auroit vu, qu'il n'a d'autre degré

* Eſprit des Loix, L. 23. C. 21.
† Défenſe de l'Eſprit des Loix, Pag. 117. Ie. edition.

degré de bonté que celui qui lui eſt attribué par la ſuperſtition & par l'intérêt; il auroit vu, que l'homme n'a aucun droit ſur ſa poſtérité, que le Célibataire eſt le meurtrier de la famille qui devoit naître de lui, l'ennemi de la Patrie, en ce qu'il lui vole des citoyens, un fanatique ennemi de lui-même, en ce qu'il étouffe ce cri de la nature, qui nous porte à nous voir renaitre dans d'autres nous-mêmes, un mauvais Chrétien en ce qu'il s'oppoſe au développement de germes, qui produiroient des êtres doüés de l'ineſtimable avantage de connoitre & d'adorer Dieu, un enthouſiaſte inconſéquent, en ce qu'il augmente le nombre des ſaints aux dépens de celui des hommes, & conſéquemment, de celui des ſaints-mêmes. Que n'a t'il pas dit du principe du Deſpotiſme, qui tend à détruire un Etat? Que n'auroit-il pas du dire du principe du Célibat, qui tend à détruire l'Univers? Il met le ſujet, ſoumis au Deſpote, à côté de l'automate; il auroit du mettre le Célibataire à côté de l'Antropophage.

C'eſt bien dans ce ſiécle où les devoirs de la Societé ſont ſi bien connus, où les loix de la Morale ont été ſi bien developées, qu'il faut vanter une vertu qui n'eſt bonne à rien. Malheureux Celibataires! quel ſervice rendez-vous à l'Etat par votre continence? Quel ſervice à Dieu? Quel ſervice à vous-même? Vous vous ôtez

ôtez des plaiſirs vertueux, à l'Etat des ſujets, à Dieu des Adorateurs. Si le Ciel vous avoit deſtiné à cette vie, il vous en auroit ſans doute averti, en vous privant de ce ſens le plus voluptueux de tous, contre lequel vous avez ſans ceſſe à luter.

L'Homme plus aiſé à frapper que capable de raiſonner a attaché de la grandeur à ce qui eſt difficile. Voilà la ſource de l'erreur qui fait du Celibat un état de perfection. Que le ſort de tant de milliers d'hommes ne tienne qu'à un Sophiſme! n'y a-t il pas de quoi deplorer le malheur de la condition humaine? Si un de mes Ayeux avoit mal raiſonné, la chaîne ſe ſeroit rompue, je ne ſerois pas au monde! Reflexion qui devroit reünir contre le Celibat tous ceux qui jouïſſent de l'exiſtence & qui en connoiſſent le prix.

„ *Lorſqu'on fit la loi du Célibat pour un*
„ *certain ordre de gens, il en fallut chaque*
„ *jour de nouvelles pour reduire les hommes*
„ *à l'obſervation de celle-ci: le Légiſlateur ſe*
„ *fatigua. Il fatigua la ſociété pour faire exécuter*
„ *aux hommes par précepte ce que ceux qui ai-*
„ *ment la perfection auroient exécuté comme*
„ *conſeil.* Point de réponſe".

La réponſe étoit toute faite: elle eſt tout entiere dans le paſſage attaqué. Falloit-il ſe mettre en fraix de citations & de raiſonnemens pour prouver un fait hiſtorique que tout le monde ſçait, un fait encore exiſtant?

Le Célibat *fatigue la ſociété*: en doutez-vous? Voyez l'embonpoint de l'Angleterre &

& de la Hollande & l'Ethisie de l'Italie & de l'Espagne; la vigueur de l'Allemagne Protestante & le déperissement de l'Allemagne Catholique. N'est-ce pas *fatiguer la société* que de l'epuiser?

Le Dogme de la perfection du Celibat a produit en Europe les mêmes effets de la Destruction que la chaleur du Climat, la jalousie du Maître, l'esclavage des femmes ont produit en Asie. Les Moines qu'ont-ils à reprocher au Eunuques? Les Eunuques sont à plaindre, les Moines sont meprisables. Aussi la Nature dédommage-t-elle les premiers & fait-elle le suplice des seconds.

Portons, par plaisir, le flambeau du Calcul sur les suites du Dogme du Celibat. Suivant les observations les plus exactes, un Etat qui ne souffriroit ni pestes, ni guerres ni famine durant soixante années, doubleroit dans cet espace le nombre de ses Citoyens. Cela posé, tout Etat qui a Cent mille Moines dans son sein perd tous les soixante ans deux Cens mille hommes & un bien plus grand nombre s'il entretient toujours sur pied ce nombre de Cent mille. Ainsi en supposant que depuis l'année 1640. il y a eu en France deux millions d'âmes qui ayent fait vœu de celibat, cet Empire a perdu & ces deux millions, qui lui ont été inutiles durant leur vie & quatre millions qui seroient nés d'eux dans l'espace de Cent vint ans & deux millions qui seroient provenus des enfans des premiers depuis l'année 1690. jusqu'à cette année 1750. & deux millions qui pro-

proviendroient des enfans des deux derniers millions depuis cette année 1750. jusqu'à l'année 1810. Somme totale dix millions perte immense, mais réelle: 1°. parceque les deux millions sur lesquels je bâtis peuvent raisonnablement, supposés à l'abri des malheurs de la peste, de la guerre, de la famine, propager en toute sureté. 2°. parcequ'il s'ensuit que la France n'ayant que vint millions d'âmes & devant en avoir en 1810. trente millions, sans l'obstacle du celibat, elle perd le tiers de ses forces, puisqu'elle pouvoit acquerir ce tiers. Soyez à present étonné que des Etats, jadis extrêmement peuplés, soyent aujourd'hui degarnis.

Jettez un coup d'œuil sur le nombre infini d'hommes qui se sont voüés au Célibat depuis deux siécles. Supputez les Descendans qu'ils auroient eu dans cet espace. Pour eviter toute chicane, n'ajoutez au nombre génératif qu'un nombre égal, vous trouverez un nombre aussi rempli que l'est l'Europe. Que sera-ce si vous vous livrez au calcul du Cours progressif des Générations? Votre imagination vous créera des peuples immenses d'êtres que le Célibat a anéantis. Que sera-ce encore si vous considerez la chose avec les yeux de la foi; partant de ce principe, que les Cent millions d'êtres qu'on compte communément sur la terre sont tous sortis d'un seul homme, créé il y a autour de six mille ans, vous trouverez fort aisément qu'une douzaine d'hommes qui dès le commencement du Christianisme seroient entrés dans le Cé-

Célibat auroient fort bien pu priver le monde d'autant de millions d'habitans qu'il en renferme aujourd'hui.

Quis talia fando
Temperet a lacrimis? *

Je n'ignore pas que bien des gens ſenſés prétendent que le monde ne finira point tant qu'il y aura des Moines & des Abbés; mais cette prediction ne me conſole pas. Le général, à mon avis, n'obſerve que trop bien le vœu de continence.

Le Célibat, diſent quelques-uns (& ceux là ne ſont pas les plus politiques) n'épuiſe point la ſociété: au contraire, il la ſoulage de membres qui lui ſeroient à charge.

Les guerres ne ſuffiſent-elles pas? Les peſtes, les famines, ne la ſoulagent-elles pas aſſez? La terre ne pourroit-elle pas nourrir tous ceux qui la cultiveroient? Si la population pouvoit être exceſſive, la Nature auroit remédié à cet excès. *Le Caractere, les paſſions, les fantaiſies, l'idée de conſerver ſa beauté, l'embarras de la groſſeſſe, celui d'une famille trop nombreuſe fatiguoient* déjà cruellement la ſociété? C'étoit un poiſon lent, qui couloit dans les veines du Corps Politique. Falloit-il encore ajouter à ce malheur le poiſon actif de la Loi du Célibat?

Le Célibat, diſent quelques autres (& ceux-ci ne ſont pas les meilleurs Citoyens) décharge les familles d'un fardeau qui les acca-

* Virg. Eneïd. L. 2.

accableroit. Que voulez-vous qu'on faſſe de tant d'enfans?

Plaiſante objection! Il n'y a pas aſſez d'enfans pour l'Etat, & il y en a trop pour les familles. Ces victimes ſont néceſſaires, dit-on; & je dis, moi, qu'elles ne ſont pas plus néceſſaires en France, en Eſpagne, en Portugal, en Italie, qu'en Angleterre, en Dannemarc, en Suède, en Hollande. Que fait-on des Enfans dans ces Païs-là? Ce qu'on pourroit, ce qu'on devroit en faire dans ce Païs-ci.

Plus on jette d'enfans dans les Cloîtres, plus l'état s'appauvrit; C'eſt un mauvais remède, qui devient d'autant plus néceſſaire, qu'il eſt plus fréquent.

On ne ſçauroit trop augmenter les motifs de bien faire, ni trop affoiblir les motifs de ne faire rien. Nulle émulation dans un Etat, où l'oiſiveté peut compter ſur une reſſource, où une ſimple façon de penſer procure les mêmes avantages qu'une vie active, où un fainéant eſt au niveau d'un Citoyen laborieux, où l'on peut laiſſer les peines aux miſérables & ſe reſerver les plaiſirs, où un Corps qui poſſède le tiers des revenus, ne paye pas le vintiéme des charges publiques. Diſtribuez avec choix les richeſſes, diſpenſez les honneurs & la conſidération avec équité, les choſes changeront de face; & le ſuperflu du Célibataire pourvoira aux beſoins du Citoyen. Le bonheur ou le malheur d'un Etat dépend de ſes Loix. Introduiſez en

Eſpagne les Loix d'Angleterre ; il y aura parmi les Moines des Anſons qui feront le tour du monde. Faites goûter aux Anglois les Loix Eſpagnoles ; il y aura, parmi les Marins, des gens qui ſe borneront à faire le tour d'une Cellule.

Les erreurs des grands hommes ſont contagieuſes ; on l'a dit, & je le repète pour juſtifier la liberté que je vais prendre d'en relever une de M. de M..... Il établit, en pluſieurs * endroits de ſon Livre, une différence ſpécifique entre les conſeils & les préceptes de l'Evangile. Cette différence eſt chimérique & tire ſa ſource du ſyſtême des Myſtiques, qui, s'étant placés hors de la portée des forces humaines, ont introduit l'opinion des divers degrés de ſainteté ; opinion directement contraire au but du Chriſtianiſme. Tout y eſt précepte, rien n'y eſt conſeil ; les Loix de Jéſus-Chriſt, n'ont pas toutes la ſanction des peines & des récompenſes, parceque cette ſanction étoit inutile à une Religion, dont la baze portoit ſur l'amour & non ſur la crainte, qui exigeoit de l'homme des ſacrifices volontaires, qui lui demandoit ſon cœur & vouloit le lui devoir.

Tout eſt précepte pour un véritable Chrétien : Il ſait, qu'il eſt obligé de ſe ſervir de tous les moyens qui peuvent le conduire à la plus grande perfection, à laquelle il eſt appellé. Il regarde la ſainteté comme un but, qu'il n'atteindra jamais,

* V. le Chapitres 6 & 7. du 24 Liv.

mais à la vérité, mais qu'il doit toujours tâcher d'atteindre.

Le bien, en fait de Religion, eſt toujours le mieux. Le Chrétien ne peut parvenir à la perfection abſolue; mais il y a une perfection rélative, qui ne demande que des efforts, & cette perfection dépend de lui. Il me ſemble, que l'Auteur de l'*Eſprit des Loix* n'a pas fait ces reflexions, & qu'il auroit du les faire.

En voilà aſſez ſur le Célibat; quittons le pour n'y plus revenir.

Je n'ai été ſi long ſur ce Chapitre que parce que j'ai eu pitié de l'Europe. Ce n'eſt pas que j'eſpere d'être écouté. La durée d'un prejugé eſt toujours en raiſon proportionelle de ſon abſurdité. Choſe étonnante! Jamais les inconvéniens du Célibat n'ont été mieux ſentis en France & jamais la puiſſance du Clergé n'y a été ſi bien affermie. Jamais le Miniſtere n'a mieux compris la neceſſité de remédier à ce malheur & n'a été ſi éloigné de le faire. Admirons la politique de cette Cour qui ſait ſe faire reſpecter par des Anathêmes dont on ſe joue & par des foudres qui ne bleſſent pas. Oh! quand finira l'Empire des noms & du Papier? Notre Poſterité, car l'erreur n'a qu'un tems, croira-t'elle qu'une ſuite de Vieillards très bornés ait réüſſi à bâtir la puiſſance la plus réelle ſur des Chimeres, & ſur des Chimeres des plus caracteriſées?

„ Nous avons reproché à l'Auteur d'a-
„ voir, dit: *que la Réligion Catholique con-*
„ *vient*

„ *vient mieux à une Monarchie & la Protestante à une République*".

Cette propoſition tient au Syſtême de M. de M. . . . . ſur l'influence du Climat, ſyſtême qu'il falloit renverſer avant-que d'en attaquer une conſéquence naturelle. C'eſt vouloir entrer dans la place ſans s'être ſaiſi du chemin couvert.

M. de M. . . . . ne parle ici que d'une raiſon de convenance, & il peut compter ſur le ſuffrage de tous ceux qui examineront attentivement les rapports qui ſont entre les effets du phyſique des climats où le Catholiciſme s'eſt maintenu, où le Proteſtantiſme s'eſt établi, & l'eſprit de ces deux Religions, entre leurs dogmes & les différens principes de l'Etat politique.

La Religion Catholique convient mieux à une Monarchie, parceque ſes dogmes s'accordent mieux avec le but du Gouvernement Monarchique. La foi aveugle conduit à l'obéïſſance paſſive. La Religion Proteſtante s'accommode mieux d'une République, parceque ſes principes fondamentaux ont trait au but du Gouvernement Républicain. La foi éclairée s'impatiſe à merveilles avec l'Eſprit d'indépendance & de liberté.

„ Nous lui avons reproché d'avoir dit, „ que, *quand Motezuma s'obſtinoit tant à dire, que la Religion des Eſpagnols étoit bonne pour leur Païs & celle du Méxique pour le ſien, il ne diſoit pas une abſurdité.* A ce „ reproche, point de réponſe".

M. de M... avoit en main deux moyens de

de défense. Il pouvoit répondre, que Motezuma parloit ainsi dans la simplicité de son cœur, & que sa maxime, considérée rélativement à ses préjugés, n'étoit point une absurdité, mais un bon mot. Il pouvoit répondre, que ce Prince, ne connoissant pas le fonds de la Religion qu'il rejettoit, n'en jugeant que par les apparences & par le culte extérieur, voyant combien il étoit difficile que des changemens extraordinaires s'introduisissent parmi des Peuples entiers, croyant peut-être que toute Religion étoit bonne, que l'Etre suprême aimoit à être loüé de plusieurs manieres différentes, & qu'il avoit permis la même variété dans les hommages qu'on lui rend, qu'il a mis dans le ramage des Oiseaux; que ce Prince, dis-je, sachant, qu'il y a des Religions plus propres, ce semble, pour un climat que pour un autre, pouvoit fort bien de ces principes arriver à cette conséquence: *La Religion des Espagnols est bonne pour leur Païs, & celle du Méxique pour le mien.*

Ces paroles, quelque sens qu'on leur donne, ne blessent point la majesté du Christianisme. La Religion des Espagnols étoit bien différente de la Religion Chrétienne: celle-ci est la Religion de la charité, celle-là étoit une Religion de Brigands; & il pouvoit bien se faire, qu'une telle Religion *ne fut pas bonne pour le Méxique.* Cette conjecture n'empêche pas, que *les Principes du Christianisme bien gravés dans le cœur ne fussent infiniment plus forts*, même

même dans le Méxique, *que ce faux Honneur des Monarchies, ces vertus humaines des Republiques, & cette crainte servile des Etats Despotiques.*

Voilà en entier la premiere partie de la Critique des Gazetiers Ecclésiastiques: ils ajoutent, que M. de M.... *décline le combat*; & en effet, des Pygmées sont bien redoutables pour un Géant!

„ Avec beaucoup d'Esprit, disent-ils, „ il ne trouve point de réponse à des repro- „ ches accablans". Il n'y avoit que six mois, qu'il n'avoit pas le sens commun: aujourd'hui, il a un Esprit infini.

Mieux lui vaudroit perdre sa Renommée
Que cueillir loz de si mauvais Alloy.

Falloit-il des réponses à des objections dejà réfutées? En falloit il à des Gens, qui, d'entrée de jeu, prenoient des lettres de petits esprits, & qui, au lieu de se défaire de leur caractere dominant, & ne se souvenir d'eux-mêmes que pour s'éviter comme un écueil, commençoient l'analyse d'un livre de Politique par la Bulle *Unigénitus?* En falloit-il à des Critiques, qui ayant en présomtion ce qui leur manquoit en lumieres, décidoient de tout avec un esprit d'écoliers & un ton de maitres. En falloit-il à des Gazetiers, à qui leurs pensées & leurs expressions, leur esprit & leur cœur dispensoient de répondre?

Nous lui avons reproché: Et qu'importe le blâme ou la loüange des Jansénistes, leurs reproches ou leur approbation, à un hom-

homme qui ne tient qu'au parti de la vertu, à un ſage qui n'eſt qu'aux gages de la vérité? Des reproches ſont-ils des Raiſons?

Nous lui avons reproché: Il faut être bien préſomtueux pour s'ériger en Juges dans la République des Lettres, République, où tous les Citoyens ſont indépendans, où l'on ne reconnoit aucune autorité, où, pour un ſeul mauvais jugement, on eſt jugé & condamné mille fois!

Si un Corps, reſpectable au moins par ſa vieilleſſe, vient de prendre la réſolution de rentrer dans ſon droit de flétrir par des qualifications odieuſes tout livre nouveau qui contredira ſes opinions, il a pris conſeil non de ſa prudence, mais de ſon zèle, non de ſa gloire, mais de ſa piété.

Faire d'un bon livre qu'on n'entende gueres l'Extrait ſuperficiel de quelques propoſitions qu'on n'entend pas mieux; qualifier ces propoſitions, charger ces épithetes d'idées odieuſes; confier à la preſſe le ſoin de multiplier & même d'immortaliſer cette pieuſe folie, cela pouvoit être fort bon dans les ſiécles paſſés; mais voilà bien dequoi effrayer l'ingénieux & ſavant Auteur de l'*Hiſtoire naturelle du Cabinet du Roi!* Qu'importe à M. de B... & à M. de M... qu'un Corps célébre & nombreux ſe détermine à dire unanimement des injures à leurs Ouvrages. Ils n'auront pas moins à ſe feliciter, l'un d'avoir étendu la ſphere du Monde Politique, l'autre d'avoir ouvert un Monde nouveau aux curieux Obſervateurs de la Nature. Ils permettront volontiers

tiers à la Sorbonne de défendre encore à la France de croire aux Antipodes. Auffi un de leurs Docteurs renferma-t'il un grand fens quand il dit en opinant : „ *Tenez, Mef-„ fieurs! Vous êtes de fort grands Théologiens „ & peut-être d'auffi mauvais Philofophes. „ Laiffez donc là, fi vous m'en croyez, les „ livres d'Académie & bornez-vous à des Thé-„ fes de Collége* ".

Il eft tems d'examiner la feconde Partie. Elle eft deftinée à la réfutation de *la Défenfe de l'Efprit des Loix.* L'arbitraire domine dans la premiere: la déraifon régne dans celle-ci. Voyons, nous ferons courts. Après M. de M. . . . il y a peu à glaner.

On l'a accufé d'être Spinofifte & Deïfte: Ces deux idées, a-t'il répondu, font contradictoires. Que lui réplique-t'on? On étale une mince érudition ; on allégue un grand nombre de paffages, où Spinofa établit le Théïfme & la Révélation. On ajoute: „ Un Auteur, (pourra-t'on dire) qui „ parle fi dignement de Dieu, eft-il fpi-„ nofifte? Non feulement c'eft un fpino-„ fifte, mais c'eft Spinofa lui-même: Oui, „ dans ce même Livre, où Spinofa parle „ de Dieu fi dignement, Spinofa pofe tous „ les fondemens de fon Athéïfme ".

A cet air de confiance, à ce *oui* décifif, croiroit-on, qu'il n'eft rien de plus faux? Croiroit-on, que, dans tout le Traité Theologo-Politique, dont on cite le Chapitre 14. il n'y a pas un mot du fyftême impie, que Spinofa, Orthodoxe dans le tems qu'il l'écrivit, répandit enfuite dans un un autre Traité? Croiroit on, que des Critiques qui ſemblent vouloir ſe tirer du profond oubli, où ils ſont tombés, en ſe ſignalant par quelque inimitié illuſtre, ayent oſé avancer un fait entiérement faux, & dont il eſt ſi aiſé de vérifier la fauſſeté? Cela n'eſt pas croyable; mais que voulez-vous? On avoit avancé, que M. de M.. étoit Spinoſiſte & Déïſte; il falloit à tout prix qu'il le fut; on l'avoit dit en dépit du ſens commun: il falloit bien le ſoutenir en dépit de la vérité & de la vertu. L'abſurdité de l'accuſation ſautoit aux yeux; il falloit l'appuyer de l'impoſture, & quoiqu'elle ne prouvât rien, on y a recouru; on ſauvoit du moins la contradiction.

On l'a accuſé d'Athéïſme! *Je ſerois Athée*, a-t'il dit, *moi qui ai parlé contre la fatalité des Athées*, dans la 1e. Page de mon Livre?

On lui répond, que cela ne ſuffit pas, & „ qu'il falloit *de plus* ne rien dire dont les „ Athées puſſent s'autoriſer ".

Et quels ſont les Athées qui abuſent des paroles de M. de M...? Je ne vois que les Gazetiers qui s'en formaliſent. D'ailleurs, eſt-il quelque choſe, qui ſoit à l'abri de l'abus? Les Athées s'autoriſent bien des merveilles les plus étonnantes de la Nature, des connoiſſances qu'ils ont de quelques principes, de cet axiome très orthodoxe; *Rien ne ſe fait de rien*! Point de livre, où l'on ne voye l'Athéiſme en gros caracteres, quand on y portera des yeux d'Athée endurci ou de Janſéniſte zèlé,

 quand

quand on verra, comme le premier, un désordre monstrueux dans le plan le mieux conçu & le mieux exécuté, quand on verra, comme le second, le nœud de deux idées contradictoires. Les Gazetiers ont trouvé tous les fondemens du spinosisme dans un livre où Spinosa raisonne en philosophe chrétien; pourquoi les athées ne trouveroient-ils pas leur *méchanisme total* dans un livre dont tout le Systême porte sur des principes diamétralement contraires au fatalisme?

„Mais, disent-ils, quand on veut s'éloigner des Athées, il faut leur couper „ tous les chemins qui pourroient les rap„ procher de nous".

Et je dis, moi, que quand on veut convertir un Athée, il faut nous fermer tous les chemins qui peuvent nous éloigner de lui; il faut lui ouvrir tous les chemins qui peuvent le rapprocher de nous, c'est à dire, être aussi prudent que charitable.

Les Critiques lui font son procès sur ce qu'il a dit: que „ la Loi qui en impri„ mant dans nous mêmes l'idée d'un Créa„ teur, nous porte vers lui, est la premie„ re des Loix naturelles *par son importan„ ce & non pas dans l'ordre de ces Loix*"; comme si l'homme n'avoit pas des sentimens avant que d'avoir des idées nettes, comme s'il ne desiroit pas avant que de raisonner, comme s'il n'étoit pas naturel de pourvoir à la conservation de son Etre, avant que de penser Religion, comme si l'amour de nous

nous-mêmes n'étoit pas antérieur à tout autre amour.

Envain, diront-ils, *ces sentimens sont puisés dans les ténèbres d'une raison corrompue par le péché.* On leur répondra, que pourvû qu'ils soient puisés dans la droite raison, ils sont avoués de Dieu & conformes à l'Evangile : on leur répondra qu'on ne sait aujourd'hui ce que c'est qu'*une raison corrompue par le péché*, & que la raison humaine ne peut être corrompue que par le préjugé, l'ignorance & l'esprit de parti: on leur répondra, que s'il est vrai, comme ils l'assurent, que *Mrs. de la Religion naturelle puisent leur Code* dans la Raison, ils procédent très sensément, vû que nous sommes raisonnables avant que d'être Chrétiens, & que nous ne sommes Chrétiens que parce que nous sommes raisonnables.

Les critiques auroient souhaité, qu'aulieu de chercher l'origine des devoirs de l'homme dans la Religion naturelle, où elle est, M. de M..... l'eut trouvée dans la Religion révélée, où elle n'est point. Ils auroient souhaité, que dans un livre, où il s'agit de mettre au grand jour des principes faits pour tous les hommes, il eut parti de principes, révélés à peu de personnes, & que, pour faire recevoir des vérités claires, il eut débuté par des vérités obscures. Mais il lui étoit très permis dans un ouvrage de Politique de mettre à l'écart la Grace, le Péché originel, & cent autres questions, dont le public est depuis longtems ennuïé, & depuis longtems a raison de l'être.

Ils se recrient sur ce qu'il y a supposé un homme comme tombé des nues, laissé à lui-même & sans éducation avant l'établissement des sociétés *. „ Recourir à de pa„ reilles chimeres pour y trouver l'origine „ & l'Esprit des Loix, c'est ressembler, à „ leur avis, à un homme qui fuiroit le so„ leil & s'enfonçeroit dans des tenèbres bien „ épaisses pour voir plus clair ".

Il s'agissoit d'examiner, s'il y a des rapports anterieurs à l'établissement des sociétés, s'il y a des loix dans la nature indépendantes des conventions, s'il y a dans le fonds des objets des relations éternelles & invariables: il s'agissoit de renverser le systême d'Hobbès qui ramene tout au conventionel, & d'élever l'édifice du Droit naturel.

Cela posé, M. de M..... ne pouvoit-il pas imaginer un être qui ne tint point à la société, qui, usant de sa raison & se repliant sur lui-même, considerât son état, réfléchît sur ses devoirs, se rendit compte de ses sentimens? N'est-ce pas le seul moyen d'établir sur des fondemens inébranlables les Loix Naturelles? Recourir à la Genèse, c'auroit été ressembler à un Architecte, qui dessineroit les dimensions du toit avant que d'avoir fixé celles des fondemens.

L'éloge des Stoïciens leur a superieurement déplu. „ Plus les Stoïciens auront été „ irréligieux envers Dieu, & plus l'Auteur „ sera coupable d'avoir dit de leur Reli„ gion,

* P. 43. de la Défense de l'Esprit das Loix.

„ gion, qu'il n'y en a jamais eu dont les „ principes fussent plus dignes de l'homme & plus propres à former des gens de „ bien, & qu'elle seule savoit faire les Ci-„ toyens, les grands hommes & les Empe-„ reurs. Quand on parle ainsi d'une Secte „ Anti-Chrétienne, & que l'on dit: je suis „ Chrétien: le dit-on sérieusement"?

Belle CoucIusion & digne de l'Exorde!

Ne peut-on pas loüer une Secte Anti-Chrétienne & néanmoins être bon Chrétien? Je conçois bien, qu'un Appellant ne sauroit loüer un Moliniste sans déroger au Jansénisme: mais il me semble, qu'un Philosophe peut rendre justice à la vertu par tout où il la trouve. M. de M..... n'a fait l'éloge que de la Morale des Stoïciens; c'est à cette Morale qu'il a donné la préférence sur celle de toutes les Sectes Payennes; c'est évidemment le sens, qu'il faut donner à ces paroles: *il n'y en a jamais eu.* Trop sage pour ne pas admirer la lumiere que le Portique a répandu sur les devoirs de l'homme dans ces tems ténébreux, où il erroit à la merci de son aveugle raison, il est trop convaincu de la sublime supériorité des vérités Evangéliques, pour mettre en parallèle Zenon avec Jésus-Christ.

Ils l'ont accusé d'être Sectateur de la Religion Naturelle parce qu'il a dit fort simplement, que „ les Loix Civiles de quelque Païs peuvent avoir eu des raisons „ pour flétrir l'homicide de soi même; mais

 „ qu'en

„ qu'en Angleterre on ne peut pas plus le „ punir qu'on punit les effets de la démen„ ce.... & d'une maladie.

Rien de plus innocent que ces paroles? Que n'ont-ils pas dit pour les envénimer? *Voyez; il est severe contre les Moines & indulgent pour les Anglois: un Déïste n'oublie pas, que l'Angleterre est le berceau de sa Secte: il passe l'éponge sur tous les crimes qu'il y apperçoit* *. Est-ce sur de si frivoles conjectures, qu'il est permis de former une pareille accusation? Où en sera notre bonheur, notre gloire, notre sureté, si l'on admet une fois cette maniere de procéder? Ne tient-il pour perdre & flétrir un homme qu'à répandre à grands flots tout le fiel de la haine Théologique? La force & la clarté des preuves ne doivent-elles pas être toujours proportionnées à la grandeur de l'accusation?

L'Auteur de l'*Esprit des Loix* justifie un usage établi en Angleterre: donc il est Déïste. Bon Dieu! quel raisonnement! De ce qu'on pense en Anglois sur une Loi Civile, s'ensuit-il qu'on pense en Anglois sur les matieres de Religion?

Et puis, qui a dit aux Gazetiers, que la Grande-Bretagne est le berceau du Déïsme? L'anecdote est, en vérité, curieuse. Jusqu'ici, l'on avoit cru assez généralement, que le Déïsme avoit pris naissance en Italie, & diverses observations faites sur la nature & les effets de la superstition avoient servi à rendre raison de ce phénomène: l'on avoit jugé,

* Feüille du 9. Octobre 1749.

jugé, qu'il étoit très naturel, que la Religion naturelle naquit dans un Païs, où la bigoterie avoit placé un fantôme à côté de la Religion revelée. On avoit dit; quand on croit trop, on risque bien de ne pas croire assez: rien n'est plus voisin d'un grand excès que l'excès opposé: rien ne rapproche plus d'une petite foi qu'une foi volumineuse: rien ne fait plus d'incrédules qu'une superstitieuse crédulité.

Quant à l'Angleterre, c'est de la liberté essentielle au gouvernement établi, que naissent toutes ces idées bizares sur la Religion, toutes ces objections impies contre les livres sacrés, toutes ces brochures, où les vérités les plus sublimes sont attaquées. Les progrès que le Déïsme y a fait sont une suite de la liberté, qui est selon quelques uns la fille, & selon d'autres, la mere de l'esprit d'indépendance. Du reste, il n'y a pas plus de Déïstes à Londres qu'à Paris: il y a seulement plus de liberté & moins d'hipocrisie. Je veux, qu'en Angleterre il y ait plus d'Esprits-forts qu'en France: on ne sauroit nier, qu'il n'y ait aussi plus de bons Chrétiens, si par bon Chrétien on entend un homme persuadé. En France on croit parce qu'on a cru, en Angleterre parce qu'on est déterminé par le poids des raisons. A Paris, on a la foi du Curé. A Londres, on a une foi qui appartient du moins à celui qui l'a.

Revenons au suicide. M. de M..... prétend, que „ cette action tient à l'état Phy„ sique de la Machine, & *est indépendante* „ *de toute autre cause* ".

Je ne dirai point avec les Gazetiers : *Cela fait horreur* ; mais je dirai bien, que le second membre de cette période eſt mal penſé. Car, ſi le ſuicide eſt purement machinal, s'il dépend uniquement du Méchaniſme, *s'il eſt indépendant de toute autre cauſe*, la Loi de Dieu n'a pas plus de droit de le flétrir que les Loix Civiles, parce que les actions de l'homme ne ſauroient être ſujettes à la peine, dès qu'elles ne ſont pas volontaires : elles ceſſent d'être criminelles dès qu'elles ceſſent d'être libres : l'homme n'eſt plus coupable dès qu'il n'eſt plus Agent.

Cette Propoſition me fait donc de la peine, en ce qu'en derobant le Suicide à la vengeance divine, elle ſemble l'autoriſer. Peut-être faut-il l'expliquer plus favorablement, peut-être faut-il adoucir ces mots ; *indépendante de toute autre cauſe* par ceux-ci : *tient à l'Etat Phyſique de* la Machine. Cette expreſſion *tient* étoit ſi réſervée, qu'elle n'annonçoit pas une entiere *indépendance*.

Une preuve bien claire de l'*impiété* * de l'Auteur de l'Eſprit des Loix, c'eſt la qualité de *grand homme* qu'il a donné à Bayle *flétriſſant la Religion. Dire de Bayle ; c'eſt un abominable, ce n'eſt pas une injure, c'eſt une vérité.*

Fut-ce une vérité, ce ne feroit pas moins une injure. Qu'on traite d'*abominables* des Critiques, qui, déterminés par la paſſion ſeule,

* Nouvelle du 26. Octobre 1749. Je cite mon garant, parce que le fait eſt ſi peu vraiſemblable, qu'on ne le croiroit pas ſur ma parole.

ſeule, reſſemblent à ces animaux toujours avides de ſang; le public dira: *c'eſt une vérité*: les Critiques ne ſeront pas moins en droit de dire: *c'eſt une injure*. Je choiſis cet exemple, parcequ'il s'agit de rendre d'une maniere ſenſible ma penſée à des gens qui ne ſentent point.

Quant au Philoſophe de Rotterdam, les inſultes des Janſéniſtes de Paris ne diminuront point ſa gloire. C'étoit un terrible homme que ce Bayle! On ne doit l'attaquer qu'avec reſpect, le combattre qu'avec crainte, le condamner qu'après l'avoir admiré: on ne foule aux piés qu'en tremblant un lion qui vient d'expirer.

M. de M..... l'a mieux refuté en deux pages, que Jaquelot, Saurin, Le Clerc en pluſieurs volumes. J'ajouterois Jurieu, s'il n'y avoit une eſpèce d'indécence à comparer le Théologien le plus fougueux au Philoſophe le plus modéré.

A propos de Jurieu, il me vient une idée, qui ſe lie à mon ſujet. *Bayle flétriſſant la Religion* étoit un *grand homme* & un mauvais Logicien: Jurieu défendant la Religion étoit bon Logicien & homme *abominable*: c'eſt que l'un avoit des talens & l'autre de la malice; c'eſt qu'on eſt *grand* par l'eſprit & *abominable* par le cœur. N'allez pas croire, ami Lecteur, que je veuille vous inſinuer, que les Gazetiers Eccléſiaſtiques ſoient des Jurieu: Jurieu avoit du mérite.

Il en eſt de Bayle comme de Céſar dont on admire les conquêtes, & dont on déteſte l'ambition. On applaudit au talent, on on en déplore l'abus. Le monde Littéraire a ses Héros comme le Monde politique; & ces héros ne sont gueres plus vertueux dans l'un que dans l'autre.

Il falloit du Génie & un grand Génie pour attaquer la Religion Chrétienne, qui est si bien prouvée, pour rétablir le pyrrhonisme foudroyé, pour ramener toujours avec art les mêmes objections, pour montrer sous un nouveau jour les mêmes principes, pour rallier contre la vérité des troupes qu'on croyoit exterminées depuis plus de mille ans.

C'est dans ces qualités, que M. de M... a trouvé de la grandeur; & cette grandeur ne l'a point ébloüi ni découragé; il a refuté Bayle & l'a refuté avec succès. Un Théologien traite ordinairement son Ennemi de Petit Homme: un Philosophe tel que l'Auteur de *l'Esprit des Loix*, admire un illustre adversaire, le plaint, l'attaque, & en triomphe. Le premier est zélé; le second est généreux. Leibnitz dresse, dans sa Théodicée, un Mausolée à la gloire de Bayle qu'il place dans le Ciel, où il contemple la vérité sans nuage & sans voile: Crouzas le damne sans miséricorde.

Parmi quelques Théologiens, c'est une espèce de mode de faire le procès à la Religion des plus grands Philosophes: ils ressemblent à ces affreux esclaves d'Orient, qui soupçonnent toujours la fidélité de la plus belle femme du Serrail confiée à leur vigilance impuissante. Les l'Hopitals, les Leibnitz, les Halleys, les Descartes sont accusés

accusés d'Athéïsme. Quel service aura-t'on rendu au Christanisme, quand on aura prouvé, que Wolff, Montesquieu, Pope &c. ne l'ont pas cru, que ceux qui pouvoient le mieux en reconnoître la vérité l'ont regardé comme l'ouvrage de l'imposture, & que les meilleurs Philosophes ont été les plus mauvais Chrétiens?

L'Article du mariage a fourni divers griefs aux Critiques. Je ne m'arrêterai point sur ce qui concerne la Polygamie. Le *défenseur* de l'*Esprit des Loix* les a réfuté victorieusement.

Je dirai seulement deux mots sur l'établissement du Mariage, que M. de M..... rapporte à *l'obligation naturelle qu'a le Pere de nourrir ses enfans.* ,, Un Chrétien, disent-,, ils, le rapporteroit à Dieu même, qui ,, donna une compagne à Adam ".

Dans un Livre de Politique, il n'est pas question de la Genèse: dans un Livre, fait pour tous les hommes, il ne falloit alléguer que des raisons à la portée de tous les hommes. M. de M..... écrivoit pour le Genre-humain, il falloit donc faire abstraction des vérités particulieres, & n'en donner que de générales. S'il avoit cité ces paroles: *croissez & multipliez*, à ce langage on auroit reconnu le Chrétien, & c'étoit le Philosophe qu'il falloit montrer: cette citation auroit été une petition de principe & le fruit d'un zèle imbécille. Les deux Sexes sont faits l'un pour l'autre: ils ont des desirs, ils se cherchent, se rapprochent, s'unissent; ils voient naitre leur semblable d'une fécon-

de

de joüissance; les liens se resserrent; l'amour sensuel diminue; la bienfaisante amitié augmente; on s'attache à ces gages aimables d'une tendresse mutuelle; on s'aime en eux parce qu'on se voit dans son ouvrage: il faut pourvoir à la subsistance de ces foibles & innocentes créatures, & dès lors, il faut consacrer les nœuds qui lient les deux intéressés. On prend le Ciel à témoin de sa fidélité: le serment garantit la paternité; & l'obligation de nourrir ses enfans, en établissant la nécessité du serment, établit la durée du Mariage: tout cela est très indépendant de l'Histoire d'Eve & d'Adam.

L'Ecriture Sainte est un grand arbre, fécond en fruits délicieux, mais qu'il ne faut présenter qu'à ceux qu'un heureux hazard ou une Philosophie éclairée a placés sous son ombre.

Il n'y a pas moyen de tirer les Critiques des bras de l'autorité: ils la mettent sans cesse à côté & souvent au dessus de la raison. Au sujet de l'acte de la Création, après quelques assertions improuvées, ils citent Saint Thomas & Bossuet: pour Bossuet passe encore; mais S. Thomas! est-il un Auteur à alléguer dans ce Siécle-ci, à alléguer à un Philosophe?

A ces citations ils en ajoutent une infiniment respectable, celle de Moïse; mais elle ne vient nullement au sujet: Qu'importe? En cela, ils imitent Saint Augustin, qui fait de la Bible un nés de cire quand il dit, qu'on peut lui donner tous les sens qu'on veut, pourvu qu'ils ne soient pas contrai-

res

res au Bon-ſens. Ils auroient mieux fait de ſe rappeller le conſeil d'un autre Pere, qui veut qu'on ne plaide pour une bonne cauſe que par de bonnes raiſons, * conſeil que ce Pere a pris rarement pour lui-même.

On fait grand bruit ſur ce que M. de M..... a dit, que „la Création, qui pour„ roit-être un acte arbitraire, ſuppoſe des „ régles auſſi invariables que la fatalité des „ Athées ".

Qu'auroit-on dit, s'il avoit démontré avec Leibnitz & Wolff, que de tous les mondes poſſibles celui-ci étoit le ſeul éligible; & par conſéquent auſſi le ſeul poſſible par rapport à la nature divine? Qu'auroit-on dit, ſi, allant de conſéquence en conſéquence, il avoit prouvé, que Dieu n'a pas pu abſolument créer un autre Monde?

Ce Syſtême, ſe feroit-on écrié, rentre dans la fatalité de l'Athée.

Cependant cette objection n'auroit eu de la force que pour ceux qui font conſiſter la liberté dans une eſpèce d'indifférence; dans le pouvoir de ſuſpendre, dans le balancement ſur les objets du choix. Elle n'auroit point effrayé ceux qui font conſiſter la parfaite liberté dans la plus promte détermination de la volonté; de maniere que Dieu ne choiſiroit jamais, à proprement parler, mais ſe détermineroit toujours.

Ainſi,

* Quum quis, ad probandum fidem Chriſtianam, inducit rationes minime cogentes, cedit in irriſionem infidelium. Credunt enim, quòd hujus modi rationibus innitamur & propter eas credamus. THOM.

Ainſi, quand même M. de M..... n'auroit pas voulu dire ; „ que la Création, „ qui paroît dabord devoir produire des „ regles de mouvement variables, en a „ d'auſſi invariables que la fatalité des A- „ thées" ; quand même il faudroit donner à ſon Texte le ſens que lui ont donné les Critiques, il ne s'enſuivroit pas, qu'il ôte à l'Etre ſuprême ſa liberté, au contraire, on pourroit prouver, qu'il lui attribue celle qui eſt la plus parfaite.

Les Critiques ne ſont pas plus heureux ſur l'Article de la Tolérance Civile que ſur les autres. Cette matiere a été ſi bien éclaircie par Bayle, par Noodt & par Locke, que je ne conçois pas leur aveuglement à ramener les futiles objections des Intolérans. Les Journaliſtes de Trevoux, qui ne manquent jamais de confirmer le Public dans l'idée qu'ils lui ont donné de leur caractere & de leur jugement depuis tant d'années, ont jugé à propos de copier en ceci les Gazetiers Janſéniſtes. Tant qu'il s'agira de pendre, de bruler, de dragonner; Moliniſtes & Janſéniſtes, tous ſe réüniront pour la perſécution; cela a été & ſera toujours.

Mais laiſſons déclamer les deux partis contre les principes orthodoxes de la Tolérance. Eſt-il beſoin de refuter qui ſe refute ſoi-même? Les uns & les autres ne reçoivent-ils pas ce principe, que la conſcience errante entre dans tous les droits de la conſcience éclairée ? Ils ſe battront eux-mêmes, les premiers, tant qu'ils crieront

ront contre les Loix pénales établies en Angleterre, les ſeconds, tant qu'ils invoqueront la Tolérance contre l'oppreſſion. Les gens ſenſés ſe méfieront toujours d'un Dogme pratique, bon, employé contre les Proteſtans, mauvais, employé contre les Anti-Conſtitutionaires, d'un dogme, vrai à *Calais* & faux à *Douvres*, reſpecté dans l'un, deteſté dans l'autre.

M. de M..... prétend non ſeulement, qu'on doit laiſſer les Conſciences Libres, mais encore *qu'on doit permettre la Liberté du raiſonnement.*

Les Gazetiers répondent à cet Article de la *Réponſe* que *Spinoſa en dit autant.*

Oui, Spinoſa le dit & a raiſon de le dire. Tout le Monde l'a dit avant & après lui.

Si c'eſt-là être Spinoſiſte, tout bon Citoyen, tout bon Chrétien doit être Spinoſiſte. Plus haut, les Gazetiers blâmoient les Princes qui défendent de dogmatiſer: ici ils blâment ceux qui permettent de raiſonner.

Les Critiques *ſont fachés de trouver dans l'Eſprit des Loix, de ces traits qui décèlent un Auteur.*

Et je ſuis fâché, moi, de m'être donné la peine d'examiner un Libelle, dont les Auteurs ne ſe ſont pas ſeulement donné celle de maſquer tant ſoit peu l'extrême bonté de leur caractere.

Il a paru d'autres Critiques de l'*Eſprit des Loix*: mais elles ſont ſi-tôt retombées dans le néant, qu'on peut dire, qu'elles ont été publi-

publiques *incognito.* J'excepte de ce nombre une petite Piéce de Vers qui parut dans la primeur. Elle eſt jolie, elle a été lue parce qu'elle eſt élégamment écrite. On la lit encore, parce que tel eſt le charme & le pouvoir de la Poëſie, qu'avec l'habitude de déraiſonner elle a le privilége de conſerver l'exiſtence à la déraiſon. Elle a décidé ceux, qui, incapables de lire l'*Eſprit des Loix*, aiment qu'on venge leur amour propre & qu'on médiſe de tout Livre qu'ils n'entendent pas. Ne ſoyons point ſéduits du brillant de cette Epitre Analytique: voyons ſi la raiſon n'y eſt pas ſacrifiée à l'attrait du paradoxe, à la legereté de l'expreſſion & ſi l'erreur n'y paroit pas ſous l'habit des Graces, de ces graces dont les mains ne devroient parer que la vérité & la vertu.

Avez vous lu l'Eſprit des Loix:
Que penſez-vous de cet ouvrage?
Ce n'eſt qu'un pénible aſſemblage
De Républiques & de Rois.

Le Poëte ſemble ſe méfier du jugement de ſon Ami ; il ſe hâte, avec plus de prudence que de politeſſe, de le prévenir. Dégouté d'un Livre, dont les beautés mâles ne peuvent guére affecter un Eſprit femelle, fatigué d'une Lecture, dont les ſublimes objets ne peuvent faire qu'une impreſſion fort legere ſur un homme, qui, tournant ſans ceſſe autour d'un cercle de petits objets, fait ſon occupation de la bagatelle,

telle, ne connoit de plaiſir que celui de la frivolité, fait ſon étude unique du joli, du ſaillant, du gracieux, il veut que celui à qui il écrit partage ſon dégout & ſon ennui. En détaille-t'il les cauſes? Non; il ſe contente de qualifier l'Eſprit des Loix *de pénible aſſemblage* de Républiques & de Rois. Qui n'auroit pas lu les autres ouvrages du même Auteur, croiroit, que M. de M.... eſt un de ces Doctes compilateurs, qui emploient bonnement leurs triſtes veilles à endormir leurs Lecteurs & qui ſe déſennuyent à ennuyer le Public. On diroit, que l'Eſprit des Loix, cet ouvrage qui fait tant d'honneur à la raiſon humaine, n'eſt que le fruit des recueils & l'ouvrage d'un erudit. Cependant, eſt-il de Livre, où le Genie ait pris un plus rapide eſſor? Il y a beaucoup d'érudition, mais elle n'y tient pas le premier rang, elle n'y figure qu'en ſecond: elle n'eſt pas le fondement de l'édifice, elle n'en eſt que l'ornement & l'ornement néceſſaire. Ce n'eſt pas de l'érudition prouvée, mais de l'érudition prouvante, pour me ſervir des termes d'un des Ayeux de M. de M..... Ordinairement le Genie eſt étouffé par le ſavoir; ici, le ſavoir ſoutient les ailes du génie; ailleurs, épais, ténébreux, peſant, il fatigue; ici, brillant, lumineux, leger, il forme des principes ou fortifie des conſéquences. Le ſavoir rebute un lecteur tant ſoit peu délicat, parce qu'à la faſtueuſe oſtentation ſe joint le mauvais goût; ici, l'érudition eſt étalée ſans faſte, diſtribuée

 avec

avec goût, embellie de toutes les graces du stile. Le Savant est un bœuf qui rumine; M. de M..... est un aigle qui plâne sur toutes les parties de l'Histoire: les faits sont des faits entre les mains d'un Erudit; dans les siennes, ils sont ou des maximes ou des préceptes; tel un bloc de marbre, taillé par une Sculpteur habile, devient un Héros intéressant.

On y voit des mœurs de tout âge,
Des sentimens de tous les lieux,
Le Civilisé, le Sauvage,
Leurs Législateurs, & leurs Dieux.

Ne falloit-il pas, pour donner des leçons au Genre Humain, le rappeller à sa propre histoire: & qui consulta jamais avec plus de discernement les Annales du Monde? Le magnifique spectacle que M. de M..... présente à ses Lecteurs entroit nécessairement dans son Plan. Par les Scènes variées, par cette foule de tableaux changeans qu'il offre à nos yeux, son Livre est semblable à ces superbes galleries, où le goût, aidé de la richesse, rassemble en un petit espace la gloire de plusieurs siécles & les Chefs-d'œuvre de plusieurs Artistes. On diroit, que l'Auteur a vecu dans tous les âges, dans tous les Païs, qu'il est un Ancien né parmi les Modernes par la variété de ses raisonnemens, étranger nulle part par leur profondeur, étranger par tout par leur impartialité.

Sur tous ces objets d'importance
L'Auteur nous laisse appercevoir

Non

Non une ſimple Tolérance,
Mais une froide indifférence.
Tout lui paroît fruit du terroir.

Chacun a ſes yeux: pour moi je n'ai point vu cette *froide indifférence* dont on accuſe notre Politique; mais j'y ai vû, en gros caracteres, l'amour de l'ordre, & la haine du vice, un Philoſophe qui, laiſſant indéciſes les queſtions douteuſes & ne prenant aucun parti quand il eſt dangereux ou inutile d'en prendre un, viſe toujours au bonheur de ſes ſemblables & déteſte conſtamment la tyrannie, qui eſt un obſtacle à ce bonheur.

Je n'ai point vu, que *tout lui parut fruit du terroir*; mais j'ai vu un ſyſtême touchant l'influence du climat ſur les Loix, que peu de perſonnes peuvent gouter, parce que peu de perſonnes peuvent en ſuivre la chaîne; un ſyſtême, trop nouveau pour ne pas exciter les clameurs des Dévots, un ſyſtême trop fécond en conſéquences pour ne pas prévoir qu'on ne manqueroit pas d'en tirer de mauvaiſes.

Je n'ai point vu, qu'il faſſe de l'homme un Etre machinal, un Automate, un individu eſclave des Loix du Monde Matériel, comme quelques-uns le lui ont attribué; mais j'ai vu, qu'il avoit en main la clé de mille Paradoxes Politiques.

Le ſol eſt la cauſe premiere
De nos vices, de nos vertus.

M. de M.... n'a point avancé cette erreur:

Seulement il dit d'après l'expérience, que le Phyſique du climat influe ſur les Mœurs: de là, on peut inférer, que le ſol eſt une des cauſes de nos qualités bonnes & mauvaiſes, mais non de nos vices & de nos vertus; choſes différentes qu'il ne falloit pas confondre. Les qualités dépendent en partie de la Matiere; le vice & la vertu dépend de l'Ame ſeule. On nait avec des qualités; on aquiert des vertus. La Nature donne les qualités, la Raiſon les vertus.

Néron dans un autre hémiſphere,
Auroit peut-être été Titus.

Et qui en doute? Qui doute, que, ſi Néron avoit été porté dans les flancs d'une autre Mere, s'il avoit ſucé un autre lait & reſpiré un autre Air, Neron eut été un autre homme? Autre cauſe, autre effet.

L'Eſprit eſt le ſecond mobile,
Et notre Raiſon verſatile
Eſt dépendante des climats,
Féroce au Païs des Frimats,
Voluptueuſe dans l'Aſie;
Le même reſſort ici bas
Détermine la fantaiſie.
Ainſi, ſans un grand appareil,
On peut dans le ſiécle où nous ſommes
Par le ſeul degré du Soleil
Calculer la valeur des hommes &c.

Mauvaiſe foi dans tout cet expoſé. M. de M..... en regardant le Phyſique du climat comme Cauſe, n'exclut pas les autres Cauſes & ne donne point à celle-ci le premier rang. La ſuite de cette tirade n'eſt qu'uqu'une copie de la même penſée. Il paroît, que le Poëte ſait fort bien faire ſon thême en pluſieurs façons.

La Liberté n'eſt qu'un vain titre,
Le culte un pur conſentement;
Et le climat ſeul eſt l'arbitre
Des Dieux & du Gouvernement.

M. de M..... doit avoir été ſurpris d'être accuſé d'être Anti-Républicain, lui qui a fait de ſi magnifiques éloges de la liberté, lui qui a dit; *Les Loix en Angleterre n'étant pas faites pour un Particulier plutôt que pour un autre, chacun doit ſe regarder comme un Monarque: aucun Citoien ne craignant aucun Citoien, cette Nation doit être fiere: car la fierté des Rois n'eſt fondée que ſur leur indépendance* *, lui qui en a une idée ſi avantageuſe,

* *Une Dame Angloiſe liſant cet endroit;* voilà, *s'écria-t'elle*, un François que j'aime: je ſuis ſure qu'il nous eſtime. Il nous repréſente comme un Peuple de Rois. *Elle fit là deſſus cette Epigramme, qui eſt ſur un autre ton.*

Un étranger, docte Auteur, fin matois,
Et qui ſon trait bien viſé vous deſſerre,
Parlant de nous bonnes gens d'Angleterre,
Nous a depeints comme un Peuple de Rois:
Le compliment eſt tout des plus courtois,
Et fait de nous une gent fort gentille!
Car qui dit Rois dit d'aimables outils!
Et qui pourroit en peupler quelque Antille
Feroit ſans doute un lieu des plus gentils.

L'Eſprit des Loix a reçu dans la Grande-Bretagne l'accueil le plus diſtingué; on en a fait pluſieurs éditions; celle de Glaſcou eſt très belle. Il a été cité à la chambre haute. L'eſtime des Anglois eſt d'autant plus flatteuſe, qu'ils n'en ſont pas prodigues, ſur tout envers les François. Une Angloiſe m'écrivoit l'été dernier: „ Les Pa- „ piers se, qu'il prétend, que, *dans les Républiques, les hommes sont Tout & que dans les Etats Despotiques ils ne sont rien.*

Le culte un pur consentement. Quand on accuse un homme d'indifférentisme, il ne faut pas des preuves légères: je n'ai point trouvé ces preuves dans l'*Esprit des Loix*: j'y ai vu le Pyrrhonien refuté, l'Impie confondu, la Religion défendue. *Le culte est un consentement*: ces paroles, ni aucunes qui approchent du sens qu'elles renferment, ne sont point dans mon Edition.

Après cette Analyse infidele, le Poëte n'a-t'il pas bonne grace d'assurer, que

Ce n'est point un Esprit critique
Qui lui sert ici d'Apollon.

Et que dirons-nous de ce jugement d'un Ouvrage, où il y a plus de choses que de mots?

Voilà toute la politique
De notre moderne Solon.

Qu'un pâle Janséniste, qu'un Jésuite zèlé parle avec mépris de l'*Esprit des Loix*, je ne m'en étonne pas: c'est une chose depuis long-tems décidée parmi eux, que,

Nul n'aura de l'Esprit hors eux & leurs amis.

Mais je suis surpris, que notre Poëte traite si cavalierement un homme, dont la plume n'a jus-

„ piers Publics nous apprennent qu'on déchire M.... „ en France: Que n'a-t'il écrit ici? On lui eut érigé „ une statue". *Cet ouvrage a été si goûté dans le Nord, que vraisemblablement il y deviendra un Livre Classique, & que, dans les Universités où l'on explique Grotius à la Jeunesse, on expliquera un jour M....*

jusqu'ici enfanté que des chefs-d'œuvre, soit que sa Muse legere ait pris un masque pour répandre avec plus de liberté le sel de la raillerie sur nos usages & nos mœurs; soit qu'armée de la lyre elle ait soupiré les amours, chanté les tendres plaisirs, exprimé les sentimens, décrit le temple de la Volupté; soit que s'élevant aux plus sublimes spéculations de la Politique, elle ait développé les causes de la Grandeur & de la Décadence de l'Empire Romain & prononcé des Oracles sur la destinée des Peuples & des Rois.

Les Auteurs de la *Bibliotheque Raisonnée* ont été plus équitables. Ils ont dispensé les louanges les plus flatteuses à M. de M..... & mis son autorité au-dessus de celle de toute l'Europe, comme l'autorité de Caton dans Lucain est au dessus de celle des Dieux mêmes: &, quoiqu'ils l'ayent critiqué, on ne peut pas les soupçonner d'avoir couronné de fleurs la victime avant que de l'immoler. Voici à quoi se réduisent leurs remarques critiques.

Ils se récrient sur ce que notre Philosophe dit, que, l'*amour des Loix & de la Patrie demande* au Republicain *une préférence continuelle de l'intérêt* Public au sien propre.

Pour attaquer ce principe du Gouvernement Démocratique, ils citent * la Hollande où ils cherchent en vain cette belle vertu du *renoncement à soi-même*, comme si M. de M.., avoit prétendu, que l'amour du Bien Public donnât l'exclusion à l'espérance de notre

 Bien

* Tome 43. 2e. Partie.

Bien Particulier, comme s'il n'avoit pas prévenu toutes les objections de cette espèce, en observant dans le dernier Chapitre du 3e. Livre, si je ne me trompe, qu'il ne disoit point ce qu'est un tel gouvernement, mais seulement ce qu'il devroit être pour être bien constitué, comme si la Hollande même ne prouvoit pas sa proposition. Pourquoi sa Constitution a-t'elle été altérée? Pourquoi le Peuple a-t'il voulu un Maitre? Pourquoi a-t'il forcé ses Souverains à élire un Magistrat dont le pouvoir héréditaire l'achemine à l'absolu? La raison en est toute simple, & cette raison fortifie le systême attaqué: l'amour de la Patrie avoit disparu, l'ancienne frugalité avoit fait place au luxe, on ne sacrifioit plus son interêt à l'intérêt Public, on cherchoit ces Héros qui avoient humilié la Maison d'Autriche & on ne trouvoit que des Morts, en un mot l'Etat étoit *frappé dans son principe*, le ressort étoit usé.

Suivant les Journalistes, *la France* ne *fut* point *sous le Regne de Louïs XIV au plus haut point de sa grandeur rélative*. Car, disent-ils, ce que la France semble avoir perdu d'un côté par rapport à sa grandeur rélative, elle l'a regagné de l'autre par l'affoiblissement de sa Rivale, par l'augmentation de son commerce, par la réünion de la Lorraine.

Mais ont-ils fait attention, que si l'Autriche a été abaissée, l'Angleterre s'est élevée au plus haut degré de puissance, & que sa Marine & son Commerce, en lui conférant l'orgueilleux empire de la Mer, l'approchent in-

infiniment plus de la Monarchie universelle que toutes les Conquêtes de Provinces? Ont-ils fait attention, qu'il s'est formé dans le Nord deux Puissances redoutables, qu'on n'y connoissoit pas le siécle passé & que l'Europe a, par conséquent, acquis deux nouveaux Corps pour maintenir son équilibre, équilibre beaucoup mieux connu? Ont-ils consulté l'histoire, qui leur auroit dit, que cette même Partie du Monde, aujourd'hui si indocile aux volontés de la France, *se taisoit* devant Louïs XIV?

Ils attaquent son systême favori des Climats en prouvant par l'exemple des Lapons qu'*on* n'*a* pas *plus de vigueur, plus de bardiesse, plus de courage dans les climats froids que dans les climats chauds* & par l'exemple des Peuples de la Zone Torride, qu'*on n'a* pas *plus de sensibilité dans les Pays chauds que dans les Pays froids.*

Il leur auroit été aisé de l'attaquer avec les mêmes armes par bien d'autres endroits; mais une réflexion suffit pour repousser tous ces assauts; c'est que M. de M..... n'a nullement prétendu parler des Peuples brulés par un Soleil ardent ou glacés par un froid extrême: ces Peuples sortent des Regles générales: aussi, ne sont-ils point policés, & par consequent ils n'entrent point dans le plan d'un Livre où il ne s'agit que des Loix. Le même excès de froid ou de chaud qui empêche leur corps de s'étendre jusqu'à la mesure ordinaire du Corps humain, s'oppose au développement de leur Ame. La Nature en plaçant le Gronlandois sous la Zone

Zone glaciale & le Tombutois sous la Torride, semble avoir seulement ébauché la figure & l'esprit de l'un & de l'autre; mais par le mauvais usage qu'elle permet que nous fassions de ces deux presens, elle semble vouloir les consoler du refus qu'elle leur en a fait.

Le respectable * Auteur d'une Lettre, insérée dans le 5e. Tome de la Nouvelle *Bibliothéque Germanique*, n'a pas été plus heureux. Cette Lettre roule sur cette Loi de Moïse: *Quand ton Frere, ou ton Fils ou ta Fille ou ta femme bien aimée, ou ton intime Ami qui t'est comme ton âme t'incitera, en te disant en secret: allons & servons d'autres Dieux; n'aye point de complaisance pour lui & ne l'écoute point & que ton œuil ne l'épargne point & ne lui fais point de grace & ne le cache point; mais tu ne manqueras pas de le faire mourir.*

„ Cette Loi du Lévitique, dit M. de M...
„ ne peut être un Loi Civile chez la plupart
„ des Peuples que nous connoissons, parce
„ qu'elle ouvriroit la porte à tous les cri-
„ mes".

Là-dessus, le Théologien (on leur avoit pourtant bien dit qu'on ne vouloit avoir rien à démêler avec eux) observe d'abord, que la Loi est dans le Deuteronome & non dans le Lévitique, se récrie ensuite sur l'omission des paroles suivantes: *ta main sera la premiere sur lui pour le mettre à mort, ensuite la main de tout le Peuple, & tu l'assommeras de pierres & il mourra:* paroles qui prouvent,

* Au moins les Journalistes, dans une Note, donnent-ils ce titre à sa Plume.

vent, à l'en croire, lui, Le Clerc & Maimonides, que l'Iſraëlite tenté n'étoit point autoriſé à tuer ſur le champ l'Iſraëlite tentateur comme l'a expliqué Grotius & comme l'a cru apparemment M. de M..... & conclut enfin par aſſurer que cette Loi qui revolte, quand même on la reſtreindroit à la ſimple dénomination, n'eſt point dure. Les qualifications qu'on donne aux choſes dependent beaucoup du caractere; celui de l'Auteur de l'*Eſprit des Loix* eſt plein de douceur & d'humanité.

M. de Voltaire, dit dans ſon *Remerciment ſincere*, que ce livre eſt ſans plan, que les chapitres ſont ſans liaiſon & que les matieres n'y ſont point enchainées les unes aux autres.

Des Eſprits très Philoſophes en ont porté un jugement plus avantageux; ils en ont admiré l'ordre & la méthode. Cette chaine eſt cachée, ont-ils dit, mais elle n'eſt point rompue; les principes ſont bien poſés & les conſéquences bien déduites. Peut être M. de Voltaire a-t'il cherché par ce Trait à ſe conſoler du reproche qu'on lui fait depuis ſi long-tems de ne ſçavoir point unir l'art du plan aux graces du détail: car eſt-il vraiſemblable, que le fil par lequel M. de M... conduit ſes Lecteurs à travers les detours du labyrinthe des Loix ait échapé à la pénétration de ce Poëte Philoſophe?

Quelques uns * en ont trouvé le ſtile Epigram-

* V. la Bibliotheque Impartiale T. I. Art. I. Le Fontenelle du Nord, M. le Profeſſeur Formey, que je ſoupçonne d'en être l'Auteur, en a fait en 5. Extraits une

pigrammatique, comme si l'antithese, quand elle nait du sein même du sujet ne faisoit pas mieux sentir les rapports des objets combinés; il a paru trop saillant & trop coupé à quelques autres, comme si ce stile, lâche sous la plume de la plupart des écrivains n'acquéroit pas de la force & de l'energie entre les mains de celui-ci, comme s'il n'étoit pas établi que pour être utile à son siécle, il faut commencer par lui payer tribut.

M. l'Abbé Pluche travaille actuellement à une Critique de cet Ouvrage. Elle aura deux gros Volumes, c'est-à-dire, qu'elle n'en sera que plus mauvaise.

Un homme employé à *lever les tributs du Roi de Lydie* en avoit fait imprimer autant. Il les supprima & fit bien: car, je vous prie, que peut on dire de raisonnable contre un Livre, qui, semblable à ce fameux païsage où la touche savante de Rubens a rassemblé le Clair, le Coloré, le Vigoureux, réünit au suprême degré le Bon Sens, l'Esprit & le Génie.

une Analyse excellente, Le Journal des Sçavans de Paris n'en a pas dit le mot. A quoi attribuer ce silence sur un Livre, qui a fait tant de bruit? Qui connoîtra les principaux Auteurs de ce Journal dira; c'est prudence.

ERRATA.

Page 7. *l.* 9. pour *lisez* par

P. 12. *l.* 8. Desppositilme *lis.* Despotisme.

P. 23. *l.* 21. *après* Divinité, *ajoutez*; en tout pays, dans tous les siécles, l'effet du zéle a été de deplaire à la Divinité.

P. 34. *l.* 9. *après* perfection, *ajoutez*; plus bas il l'envisage comme une perfection.

P. 39. *l.* 29. les cent millions. *lis.* les mille millions.

P. 47. *l* 18. entende. *lis.* entend.

P. 48. *l.* 4. *après* sens, *ajoutez*, en peu de mots.

P. 48. *l.* 15. il y a peu, *lis.* il y a toujours beaucoup.

FIN.

www.ingramcontent.com/pod-product-compliance
Ingram Content Group UK Ltd.
Pitfield, Milton Keynes, MK11 3LW, UK
UKHW021626260726
13994UKWH00003B/1091

9 782329 462219